JN250032

ダイバーシティ ≠ 女性優遇

鈴木達也
SUZUKI TATSUYA

幻冬舎MC

女性優遇≠ダイバーシティ

はじめに

　経営者を始めとして多くの日本企業でマネジメントに従事している方々は「ダイバーシティ」と聞くと何を思い浮かべるだろうか？おそらく多くの方は「女性社員の比率を上げること」が真っ先に頭に浮かぶのではないか。

　多くの企業が女性比率を上げることだけを目標とし、女性優遇とも取れるような施策を行っているように思える。私がリサーチを進めたところ、こういった女性優遇をしている企業ほどダイバーシティができていないというイメージがあるようだ。

　調査の結果では逆に男女関係なくハードワークな環境だと評されている外資系コンサルティング企業などが、不思議なことにダイバーシティができているというイメージがあることがわかった。この矛盾はどうして、どこから生まれているのだろうか？

　皆さんの職場でもダイバーシティ向上という名のつく社内会議でマネージャーたちが「現在の男女比率は何％か？　では今後3年間で〇〇％向上させよう」というような話をして、その目標を全社会議で掲げていたりしないだろうか？

　実際にその目標を達成すれば声高々にダイバーシティの成功をアピールするわけだが、それとは裏腹に多くの現場社員はダイバーシティが向上していることを実感できずにいることも少なくない。

　本書ではダイバーシティ＆インクルージョンの向上に取り組む経営者およびマネージャーが正しいスタート地点に立ち、正しい方向に進んでいけるように私のリサーチ結果をまとめている。

　回答者の答えをなるべく誘導しない、直感に基づいた答えを得ることができる Perception based リサーチを活用しダイバーシティ＆インクルージョンに対する認知に焦点を当てて調査をしてみた。

　また日本人だけではなく中国人グループにも同様の調査を行った。この比較をすることによって日本人がダイバーシティ＆インクルー

ジョンをできている／できていないと感じるポイントをより明確にしている。

　一連のリサーチを基に、より効果的なダイバーシティ＆インクルージョンの向上ステップをいくつかのケーススタディとともに記載している。読者の皆さんにも参考にしてもらいたい。

　私は現在、インド、オーストラリア、中国、韓国、日本といった国を含む APAC のセールスチームのマネジメントをしている。皆さんの中には、インターナショナルな環境で仕事をしていくためには英語が一番大切と思う人が多いかと思う。しかしながらダイバーシティ＆インクルージョンを学ぶことは、こういったインターナショナルの世界で日本人がリーダーシップを発揮するために英語を身につけること以上に必要なことと私は考えている。

　日本はダイバーシティ後進国と言われているが、別の見方をすれば大きな伸びしろがあるということだ。

　国民全体のダイバーシティ＆インクルージョンへの理解度が上がれば多くの人にとってより息がしやすく、人生の幸福度が上がり、そして会社も国もより発展することができるだろう。ぜひ読み終わったあとに感想を聞かせてくれると嬉しい限りだ。

※本書は Tsinghua（清華大学）-INSEAD の Executive MBA Program における筆者の卒業論文 "Being too nice to female employees makes diversity and inclusion better?" を翻訳し加筆修正を加えたものです。

Chapter 1

どうしてマネージャーは診断せず
処方箋を出してしまうのか?

1.1　問題の定義：スタート地点から
既に間違っているマネージャーたち

　皆さんの会社でもダイバーシティやインクルージョンという単語を聞くことがあるのではないか。皆さんは、ダイバーシティ＆インクルージョンを推進していく目的を真剣に考えたことはあるだろうか？

　多くの企業がダイバーシティ＆インクルージョン向上のために多くの投資をしているがその目的とゴールを正しく定義できている企業は非常に少ないだろう。ある企業ではＡクラスの人材獲得のために、ある企業ではイノベーションを起こすために、ある企業では従業員の満足度向上のためにダイバーシティ＆インクルージョンに投資をしている。

　こういったダイバーシティ＆インクルージョンの目的は全て正しいと言えるのだが、ただ問題としては、この題材が非常に主観的なもののため多くの人たちがダイバーシティ＆インクルージョンの目的を正しく定義できていないまま走ってしまっていることだろう。

　皆さんの会社でも目的が定義できないから、とりあえずわかりやすい男女比といった数字的な目標に飛びついてしまっているような光景を見たことがあるのではないだろうか？

　もちろん男女比の改善というのは価値のある目標設定だと思う。ただ多くの企業ではどうしてそれが必要なのかについて十分な議論ができていない。

また多くのマネージャーにはバイアス（固定概念）がかかってしまっており結果として必要な議論が行われていない。そのため、まず最初の課題はダイバーシティ＆インクルージョンの向上に取り組むマネージャーのマインドセットを変えることだ。

　私の提案としては男女比からスタートするのではなく、まずはダイバーシティ＆インクルージョンという単語を社員が聞いたときに何を連想するか（パーセプション）からスタートすることだ。

　極端な例を話そう。仮に男女比が50：50の企業があったとしても、もし組織構造が非常に縦割りになっており、部門同士での会話が一切ないような風通しの悪い会社だったとしたら？　皆さんはこの会社のダイバーシティ＆インクルージョンが良いと思うだろうか？

　Googleが素晴らしいダイバーシティ＆インクルージョンの会社と認知され尊敬されているのはGoogle社内の男女比率だけではなく、自由な雰囲気を含む企業カルチャーや、透明性のあるコミュニケーション、そしてオープンかつフェアな評価体制があるからだろう。

　多くの企業が女性の働く環境改善だけに取り組んでいるわけだが、本書のタイトルが指し示している通り、それだけではダイバーシティ＆インクルージョンができている会社だと社内外に認知を生み出すことは不十分である。

　後述で寛容な福利厚生と快適な仕事環境だけを女性社員に与えている企業の事例を分析しているが、これらはダイバーシティ＆インクルージョンにおける十分条件ではあるが必要条件ではないと言えるだろう。

　こういった施策だけしている企業は残念ながら私が実施した調査ではNon-Excellent D&I（Diversitiy & Inclusion）のグループに括られてしまっている。回答者からは例えば以下のような項目をやっている企業がNon-Excellent D&Iグループに属する会社の共通点として挙げられていた。

・年功序列に基づく評価体系
・学歴採用

・パワハラ（職権濫用）が多い
・保守的な雰囲気

　いかがだろう？　こういった回答を見ると、皆さんの中にも、「確かに、確かに」と共感できる点があるのではないだろうか？この調査結果の興味深いことは、人がダイバーシティ＆インクルージョンができていないと認知するきっかけは男女のバランスだけではないということだ。ダイバーシティ＆インクルージョンに関する問題というのは、もっと根本的な組織の問題あるいは企業カルチャーの部分に起因しているとも考えられるのではないだろうか。

　ダイバーシティの問題についてとりあえず男女比の改善にだけ時間を使っているマネージャーたちは、例えて言うのであれば、医者が処方をしない状態で患者に薬を渡しているようなものであろう。

　よってダイバーシティを改善したいのであれば、まずは現場とマネジメント層にダイバーシティに関して、どういった認識の違いがあるのか？　を理解するところがまずスタートポイントと言える。

　皆さんの会社の社長や執行役員やマネージャーたちは、きちんと診断をしてから処方箋を出しているだろうか？　ダイバーシティ＆インクルージョンに関する問題解決を人事部だけにやらせていたりしないだろうか？　少しでも思い当たる節がある人は、もしかしたら効かない薬を患者（社員）に渡してしまっているのかもしれない。

1.2　リサーチ手法：バイアスを取り除く

　バイアスというのは恐ろしいもので、何が恐ろしいかというと、自分にバイアスがあるのに気が付けないことだ。
「フライトアテンダント」と聞くと皆さんは何を連想するだろうか？
　多くの人は背の高い女性を連想したのではないだろうか？　これがバイアスである。
　こういったバイアスに気をつけないと問題点の根本原因がわからなくなるため、今回行ったリサーチで特に気をつけた点は、ダイ

バーシティ＆インクルージョンに関するバイアスを極力取り除いて作業をすることだった。以下が今回のリサーチのステップである。

1. 日本人グループおよび中国人グループにて、それぞれ男女のグループを作成し、その４つのグループに対して Perception based リサーチを行う。
2. Perception based リサーチで名前の挙がった企業を Excellent D&I と Non-Excellent D&I Group のどちらかのグループに分類する。
3. 回答者が Excellent と感じた理由、および Non-Excellent と感じた理由を答えてもらいグループ化する。
4. 男女別および国別での違いがあるかを分析する。
5. "2" でノミネートされた企業のダイバーシティ＆インクルージョンに関するウェブページの分析を行う。
6. "2" でノミネートされた企業の従業員の声を Glassdoor などで分析する。（定性分析）
7. ダイバーシティ＆インクルージョンに関してポジティブなイメージを持つ企業とネガティブなイメージを持つ企業の共通点を考察する。

　Perception based リサーチは私が Executive MBA プログラムで習った市場調査の手法の１つだ。このリサーチ手法は回答者の答えを極力コントロールしない調査方法で、特定の議題についての回答者の"認知"にスポットライトを当てる手法である。

　よくあるダイバーシティに関する調査では MCQ（Multiple Choice Question= 複数回答アンケート方式）が多く使われているわけだが、この手法のデメリットとしては質問内容に作成者のバイアスが入ってしまうところだ。

　ダイバーシティ関連の MCQ でよくありがちな質問というのが「あなたは男女の比率がダイバーシティ＆インクルージョンに重要と思いますか？　Yes or No」、「以下の項目からあなたが一番ダイ

バーシティ＆インクルージョンに重要と思うものを選んでください
（1）女性社員の比率　（2）LGBT への理解　（3）障害者採用」ま
たは「ジェンダーダイバーシティは必要だと思うか？（1 から 5 段
階）」といった質問だ。

　皆さんも、こういった MCQ 式のダイバーシティに関するアン
ケートに答えたことはあるのではないだろうか？

　問題点としては質問者はこういった質問を作成している時点で、
男女比がダイバーシティ＆インクルージョンにとって、とても重要
と思ってしまっており、さらにこういった質問がアンケートの一番
上にくれば、回答者を無意識にダイバーシティ＝男女比へと誘導し
てしまう。

　そのため本リサーチでは回答者の直感および認知に基づいた回答
を得られやすい Perception based リサーチを活用している。

　Perception based リサーチの結果詳細はまた後に記載するが、多
くの回答者は Google がダイバーシティ＆インクルージョンができ
ている会社と答えていた。以下のような理由が選ばれた理由に挙げ
られている。

・自由闊達な雰囲気
・個々のアイデアや働き方を尊重する
・若手社員が活き活きとしている

　一方で、日本人グループ回答者がダイバーシティに関してネガ
ティブなイメージを持っていたのが、例えば NTT だった。とはい
え、NTT コミュニケーションズの新卒女性の採用率は、32.5％と
比較的高い。また企業評価サイトを見る限りでは、NTT で働く女
性社員からは産休、育休、時短勤務などの、NTT が提供している
福利厚生への評価に対してポジティブな回答も多かった。

　しかしながら NTT がダイバーシティ＆インクルージョンができ
ている会社だと認知している回答者はいなかった。この NTT の例
に限らず様々な企業が男女比の改善に腐心しているのにもかかわら

ず、そういった企業がダイバーシティ＆インクルージョンができていると思われていないことが多々あるのだ。

いったいどういった要因が「できている」、「できていない」の認知の差を生んでいるのだろう？　その要因を調べるために私はPerception based リサーチでヒアリングができた企業名のダイバーシティ＆インクルージョンに関するウェブサイト、取締役会および執行役員の構成、その企業で働く社員の声などについて定量、定性分析をしてみた。

本リサーチの目的としては、ダイバーシティ＆インクルージョンとビジネスパフォーマンスとの関連性を見つけることである。本書では、社内外の人たちが自分たちの会社をダイバーシティ＆インクルージョンができている会社と認知をすることを成功の定義としたい。

そのため男女比が良くても、認知が低ければダイバーシティ＆インクルージョンの成功ではないと考えている。

皆さんの会社は、友人から「〇〇さんの会社はダイバーシティができている会社だよね」と言われたりしているだろうか？　もしそう言われているようなら、きっと皆さんの会社のダイバーシティ＆インクルージョンに関する施策が上手くいっているのだと思う。

このあとの章では成功していると思われる企業のケーススタディも紹介している。

そういった企業に共通する点として、ダイバーシティ＆インクルージョンを単なる男女比の向上といった、表面的な結果や人事部の現場だけが取り組むものではなく、企業カルチャー、人材獲得と育成、企業ブランディングを含むPR、マーケティングといった様々な要素を企業のトップから現場まで一丸となって意識高く取り組んでいることが窺えた。

まるで一流のオーケストラのようなチームワークという名のハーモニーだ。それでは人事部門以外が、どのようにダイバーシティ＆インクルージョンに関連していくのかをこのあとの章で見ていきたい。

Chapter **2**

リサーチ結果：男女比率は果たして
ダイバーシティ＆インクルージョンの認知に
どのくらい影響するのか？

2.1　Perception-based リサーチ：日本人グループ

　今回の Perception based リサーチで使った質問は以下の通りだ。一問一答で、前の質問の回答が終わったあとに、次の質問が提示されるように質問を作っている。

　1. ダイバーシティ＆インクルージョンと聞いて、良い印象を与える企業を 4 つ教えてください。
　2. ダイバーシティ＆インクルージョンと聞いて、悪い印象を持つ企業を 2 つ教えてください。
　3. 良いと答えた会社に共通する点を教えてください。
　4. 悪いと答えた会社に共通する点を教えてください。

　ちなみに本アンケートを行う際に、悪い印象を持つ企業が 4 つも挙げられないという回答者が多かったため “2” の質問に関しては 2 つまでにした。

　皆さんも本書を読み進める前にぜひ、この質問に対しての答えをメモしてみてほしい。皆さんの頭の中に浮かんだダイバーシティ＆インクルージョンができている／できていないという会社は、どの会社だろう？

13

Table 1.1　以下　本アンケートの対象グループ

Group	男 性	女 性
日本人	15	15
中国人	15	15

まず以下が日本人グループの質問1、2への回答である。

Table 2.1　Perception-based surveyの結果
日本人　男性グループ

Excellent D&I company	Non-Excellent D&I company
Google（11）	Mitsubishi Electric（2）
P&G（4）	Mizuho Financial Group（2）
Sony（3）	Toyota（2）
Microsoft（3）	Fujitsu（2）
McKinsey（2）	Hitachi（2）
Accenture（2）	日本の銀行全般
Facebook（2）	Google
Shiseido（2）	日本企業全般
Netflix	日本の製造業全般
Mercali	KDDI
Adobe	Mitsubishi UFJ
NBA	Panasonic
Amazon	Rakuten
Zoom	Softbank
GAP	Takeda
IBM	
Rakuten	
Apple	
Paloalto	
Cisco	
McDonald's	

Table 2.2 Perception-based survey の結果
日本人　女性グループ

Excellent D&I company	Non-Excellent D&I company
Google（8）	NTT（2）
Microsoft（3）	Sumitomo（2）
Salesforce（3）	Fuji TV（2）
Accenture（2）	日本の製造業全般
Apple（2）	伝統的な日本企業全般
Adidas	Dell
Adobe	Dentsu
Amazon	HP
Benesse	Kanematsu
Booking.com	Keyence
Cicso	Microsoft
Ericsson	Mitsubishi Corporation
Freee	Mitsukoshi
GAP	TEPCO
IBM	
Itochu	
McDonald's	
Mercali	
Rakuten	
SAP	
Shiseido	
Sony	
Starbucks	
Suntory	
Takashimaya	
TV Asahi	
VISA	
Yahoo	

Table 2.3 Perception-based surveyの結果
日本人　男女合算

Excellent D&I company	Non-Excellent D&I company
Google（19）	NTT（2）
Microsoft（6）	Fujitsu（2）
Accenture（4）	Fuji TV（2）
P&G（4）	Hitachi（2）
Sony（4）	日本の製造業全般（2）
Apple（3）	Mitsubishi Electric（2）
Shiseido（3）	Mizuho Finacial Group（2）
Adobe（2）	Sumitomo（2）
Amazon（2）	Toyota（2）
Cisco（2）	伝統的な日本企業全般（2）
Facebook（2）	日本の銀行全般
GAP（2）	Dentsu
IBM（2）	Google
McDonald's（2）	HP
McKinsey（2）	JR East
Mercali（2）	KDDI
Rakuten（2）	Microsoft
Adidas	Mitsubishi Corporation
Benesse	Mitsubishi UFJ
Booking.com	Mitsukoshi
Ericsson	Panasonic
Freee	Rakuten
Itochu	Softbank
NBA	Takeda
Netflix	TEPCO
Paloalto	
Salesforce（3）	
SAP	
Starbucks	
Suntory	
Takashimaya	

　以下が、なぜ回答者がポジティブまたはネガティブなイメージを
持ったのか？　という要因についてのコメントである。

　回答者は上記の企業で以前に働いたということはないものの、
Google を Excellent D&I Group（ダイバーシティ＆インクルージョン
がよくできている企業）として最も多く回答した。

　また日本人グループの男女ともに、Accenture、Google、McDonald's、
Microsoft および Sony といった会社を Excellent Group の代表格と
して名前を挙げている。一方で三菱電機、NTT、東京電力、Dell、
HP、といった会社で働いたことがないにもかかわらず Non-Excellent
Group として多くの人が名前を挙げた。

　Dell や HP はアメリカに本社を置く企業だが、こういった多国籍
企業でも Non-Excellent Group に名前が挙がっている。

　この背景には何があるのだろうか？　Perception-based リサーチ
では直感でポジティブ、ネガティブな印象を受ける会社を上記のよ
うに答えてもらい、そのあとに理由を挙げてもらっている。

　それでは、質問 3、4 の回答を見ていこう。

Table 2.4　日本人男性グループが選んだ、Excellent and Non-Excellent
　　　　　 company の理由

Excellent D&I company	Non-Excellent D&I company
CEO や企業幹部を含む多国籍な人材採用（5）	年功序列（3）
女性幹部（4）	部門間の風通しが悪い（2）
インターナショナル企業（2）	古風なシステム（2）
ダイバーシティ＆インクルージョンの PR 活動（2）	何から何までかっちり決まりすぎている
エナジーに満ちた会社のイメージ。オープンコミュニケーションと自由闊達な雰囲気（2）	個々人の意見に対して尊重がない
インクルーシブであること。ジェンダーだけに限らず文化や人種などの違いについても。GAP はこれをブランドとして体現している。	男尊女卑

取締役会の多様性	女性幹部がいないこと
会社一丸となってのダイバーシティ＆インクルージョンへ取り組んでいるか否か	多様性のない取締役会
個々人の意見が尊重される	特定の人種や性別が昇進している
全社員が平等に何かにチャレンジできること	パワハラやスキャンダル
最新のダイバーシティのトレンドを取り入れている	女性のロールモデルがいないこと
	横並びな企業文化
	ダイバーシティ＆インクルージョンに関して全くPRもなく、会社一丸となったコミットメントもない

Table 2.5　日本人女性グループが選んだ、Excellent and Non-Excellent companyの理由

Excellent D&I company	Non-Excellent D&I company
インターナショナルな会社（5）	伝統的すぎるシステムに固執した日本の会社（2）
革新的な企業（2）	年功序列システム
活発なCSR（Corporate Social Responsibility）活動	偏った男女比
女性従業員比率	全てにおいてキッチリしすぎている
柔軟な働き方	日々の業務以外のことをやる時間と余裕が一切ない
良い会社の雰囲気	学歴採用
最新のトレンドを取り入れており人々が何を欲しているかに常にアンテナを張っている	年功序列と学歴採用に加えて、男性グループがほぼ全ての意思決定の権限を持っている
障害者雇用ができている	固定化されたマインドセットと組織体系
ダイバーシティ採用へのコミットメント	D&Iに関してPRが少ないことや会社全体としてのD&Iに対してコミットメントがないこと
元気な会社のイメージとオープンコミュニケーションおよび自由な雰囲気	保守的なハードウェア企業

ジェンダーやLGBT、カルチャーなどへの高い意識	クローズドドアの雰囲気で古い仕事のやり方に固執する
D&Iに関するPR活動	日本の公共企業
かっこいいオフィス	
若い社員の活躍	

　そして以下が、日本人の男女の回答を合算した Excellent and Non-Excellent company の Top5 の理由となる。

Table 3.　日本人男女　Excellent and Non-Excellent company を選んだ理由のTop5

Excellent D&I company	Non-Excellent D&I company
インターナショナル企業（7）	年功序列システム（5）
CEOや企業幹部を含む多国籍な人材採用（5）	伝統的すぎるシステムに固執した日本の会社（4）
女性幹部比率（4）	部門間の風通しが悪い（2）
D&Iに関するPR活動（4）	全てにおいてキッチリしすぎている（2）
エナジーに満ちた会社のイメージ。オープンコミュニケーションと自由闊達な雰囲気（3）	男尊女卑（2）

　いかがだろうか？　確かに何名かの回答者はジェンダーを Excellent D&I company の理由に挙げていた。それ以外にエナジーに満ち溢れた会社のイメージなどもダイバーシティ＆インクルージョンの認知に影響があることがこの調査でわかった。
　このようなイメージは会社のブランディング戦略や、オープンなコミュニケーション、革新的な企業カルチャーまたダイバーシティを意識した採用といった複合要因から生み出されるものと考えられる。
　そして日本人グループの男女ともに、日本の伝統的な年功序列システムをダイバーシティ＆インクルージョンに対してネガティブな影響を与えるものと答えていた。

典型的な日本企業というのは、若手社員が自分たちの意見を述べることが推奨されず、年功序列のため、特に自分より年上の社員に対して何かを言うことを暗黙の了解で禁止されているような企業かと思う。

　ここまで極端な年功序列の企業は昨今、減ってきているとは思うが、皆さんも職場で大なり小なり、こういった空気を感じたこともあるのではないだろうか?

　このリサーチの結果は、たとえ男女比が50:50になったとしても、社員が声を上げづらい企業であったり、伝統的な年功序列に基づく評価をしている企業ではダイバーシティの恩恵を受けることが難しい、または男女比が改善されても、社員がダイバーシティ&インクルージョンが良くなってきたという実感をしづらいことを示している。

　また後半のリサーチでも述べているが、全体的な女性比率は上げているものの、実は上層部は全部男性だけというような企業も少なくはない。

　何はともあれ、まずは女性比率を上げることにより、それがきっかけになって会社のカルチャーや評価制度が変わっていくこともあるかもしれない。

　ただ繰り返しになるが、問題点としてはダイバーシティを推進するマネジメントサイドが、どこに自分たちの問題があるのか?　自分の会社の社員が、どういったことに対してダイバーシティ&インクルージョンの向上を感じるのか?　を把握しないまま、わかりやすいというだけで男女比を目標において、とりあえずやった感を出している、感じていることだろう。

　ダイバーシティ&インクルージョンが良くなってきていることを社員に感じてもらうためには、まずは正しく問題点を診断して、そこから処方をすることが大切なのだ。

　マネジメントサイドは何が改善すると、自分たちの社員がダイバーシティ&インクルージョンを感じるのかを、しっかり調査した上で目標設定をすることが大切なのである。

　それではダイバーシティ＆インクルージョンという単語を聞いて、連想する会社名や求めることに文化的な違いは出るのか？　を中国人グループのアンケート結果を見て考察していきたい。果たして日本人と中国人グループの間で回答の結果に差は出るのだろうか？

2.2　Perception-based リサーチ：中国人グループ

　同様のアンケートを中国人グループにも実施した。以下、中国人の男性グループと女性グループそれぞれの結果である。

Table 4.1　Perception-based surveyの結果
中国人　男性グループ

Excellent D&I company	Non-Excellent D&I company
Google（10）	Amazon（3）
Microsoft（4）	Huawei（2）
Apple（3）	Alibaba
Cicso（2）	Dell
Facebook（2）	Flextronix
Nokia（2）	GE
IBM（2）	Goldman Sachs
Alibaba	Leeco
Amazon	Oracle
AWS	Samsung
ByteDance	Tesla
Huawei	Vanguard Group
JohnDeere	VW
L'Oreal	
Netflix	
Nike	
Oneplus	
P&G	

Sony	
Tencent	
Zara	

Table 4.2 Perception-based surveyの結果
中国人 女性グループ

Excellent D&I company	Non-Excellent D&I company
Google （8）	Google
Facebook （5）	Huawei
Microsoft （5）	ICBC
Amazon （2）	Infosys
Disney （2）	Microsoft
Apple	Nissan
Cisco	Palo Alto Networks
Compact	SAP
Dell	Sinopec
HP	TATA
KPMG	Tommy Hilfiger
Marriott	Uber
McDonald's	Xiaomi
Symantec	
Total Energy （道达尔能源）	
Walmart	
大宝化妆品	

Table 4.3 Perception-based surveyの結果
中国人 男女合算

Excellent D&I company	Non-Excellent D&I company
Google （18）	Amazon （3）

Microsoft（9）	Huawei（3）
Facebook（7）	Alibaba
Apple（4）	Dell
Amazon（4）	Flextronix
Cicso（3）	GE
Nokia（2）	Goldman Sachs
IBM（2）	Google
Disney（2）	ICBC
ByteDance	Infosys
Alibaba	Leeco
Comcast	Microsoft
Dell	Nissan
HP	Oracle
Huawei	Palo Alto Networks
JohnDeere	Samsung
KPMG	SAP
L'Oreal	Sinopec
Marriott	TATA
McDonald's	Tesla
Netflix	Tommy Hilfiger
Nike	Uber
Oneplus	Vanguard Group
P&G	VW
Sony	Xiaomi
Symantec	
Tencent	
Total Energy（道达尔能源）	
Walmart	
Zara	
大宝化妆品	

中国人グループの男女に共通する点としては両者ともに Google、Microsoft、そして Amazon といったインターナショナル企業を Excellent D&I Group として挙げていることだろう。

　一方で日本人グループ同様に中国のローカル企業は Non-Excellent Group に名前が挙げられていた。

　特に Google については日本人グループ、中国人グループの男女ともに多くの回答者が Excellent D&I company に挙げている。

　なぜ Google がここまで良いダイバーシティ＆インクルージョンの認知があるかについてはまた後半に詳細な分析と仮説を記載している。

　そして以下が質問 3、4 についての中国人グループからの回答である。

Table 4.4　中国人男性グループが選んだ、Excellent and Non-Excellent companyの理由

Excellent D&I company	Non-Excellent D&I company
社員に対するリスペクト、ローカルカルチャーへのリスペクト（4）	社員に対して興味がない会社。マネージャーがKPIや数字ばかりを追いかけている。（3）
オープンでトランスペアレントな企業カルチャー、中央集権的すぎない意思決定（4）	階層にこだわる古い体質の企業（2）
フェアな業務環境および昇進（2）	D&Iに対して投資が一切なし
女性の活躍	内向的な考え方
ビジネスが急速に伸びている	閉鎖的な企業カルチャー
インターナショナル企業	ローカル企業
個性が許容され、推奨される	カルチャーやジェンダーに対する差別
イノベーションや他者と違うことが許容され推奨される	社員に対するリスペクトがない
新卒、若手社員の成長があること	アンフェアな職場環境
企業カルチャーのアイデンティティがあること。	

Table 4.5　中国人女性グループが選んだ、Excellent and Non-Excellent
　　　　　companyの理由

Excellent D&I company	Non-Excellent D&I company
カルチャー、人種、ジェンダーの違いに対してのリスペクトがあること（8）	マネジメント層からのジェンダーに関する配慮にかける失言（2）
インターナショナル企業（3）	D&Iカルチャー（2）
著名な女性リーダー	結果にばかり注目して社員に対してのリスペクトがない。仕事に関係ないカジュアルな話題を話す隙もない（2）
女性に対する権限移譲	D&Iに対する会社としてのガイドラインがない
フレンドリーな職場環境	独占企業によるローカルビジネス
フェアな昇進パス	特定の人種にだけフォーカスする。
D&Iを日々のマネジメントに取り入れ目に見える結果を出すこと	トランスペアレンシーの欠如
高い給与	低い給与
オープンカルチャー	不平等
	特定の多数派グループが企業カルチャーを支配していること。本社が他の地域の声を一切聞かないこと。

Table 4.6　中国人男女　Excellent and Non-Excellent companyを
　　　　　選んだ理由のTop5

Excellent D&I company	Non-Excellent D&I company
社員に対するリスペクト、ローカルカルチャーへのリスペクト（12）	社員に対して興味がない会社。マネージャーがKPIや数字ばかりを追いかけている。（6）
オープンでトランスペアレントな企業カルチャー、中央集権的すぎない意思決定（4）	D&Iに対して投資が一切なし（3）
インターナショナル企業（4）	マネジメント層からのジェンダーに関する配慮にかける失言（2）
フェアな業務環境および昇進（3）	階層にこだわる古い体質の企業（2）
女性の活躍（2）	トランスペアレンシーの欠如（2）

おそらく本書を読んでいる人は、ほとんどが日本人だと思う。皆さんは中国人グループの回答を見てみて何か違和感を感じたりしただろうか？　もしPerception-basedリサーチの冒頭でご自身の回答をメモした読者がいればぜひ自分の回答とも比べてみてほしい。

　日本人グループと中国人グループにおける回答については、いくつか共通点があった。しかしながら中国人グループについては比較的、人権だったり意見の尊重という点に選択理由の重きが置かれていた。この点は回答結果の比較から浮き彫りになった興味深い点と言えるだろう。

　アンケートの結果にもあるように中国人グループはマネージャーがKPIだけを追いかけているような状況があったりすると社員の士気が下がり、またそういったマネージャーからはダイバーシティ＆インクルージョンを感じないということもわかった。

　この観点は日本人グループにはあまり見られない傾向ではあったが、アンケート結果の上位にこなかったというだけで、皆さんもマネジメントがKPIだけ追いかけているような傾向をみたことはあるかと思う。

　皆さんは、そういったマネージャー陣から何かダイバーシティ＆インクルージョンに対してポジティブなものを感じるだろうか？

　また回答の中には“給与”がダイバーシティ＆インクルージョンに関連するという声もあったが、これは察するに「ダイバーシティ＆インクルージョン＝従業員を大切にすること＝給与が上がること」ということかもしれない。

　他の興味深い回答としてはトランスペアレンシー（情報を包み隠さず伝えること）も日本人グループより中国人グループに多かった回答だった。以下、中国人グループと日本人グループのTop5の回答についての比較表である。

Table 4.7　Excellent D&I companyの日本人、中国人グループの
回答比較

日本人グループ	中国人グループ
インターナショナル企業（7）	社員に対するリスペクト、ローカルカルチャーへのリスペクト（12）
CEOや企業幹部を含む多国籍な人材採用（5）	オープンでトランスペアレントな企業カルチャー、中央集権的すぎない意思決定（4）
女性幹部比率（4）	インターナショナル企業（4）
D&Iに関するPR活動（4）	フェアな業務環境および昇進（3）
エナジーに満ちた会社のイメージ。オープンコミュニケーションと自由闊達な雰囲気（3）	女性の活躍（2）

CEO：Chief Executive Officer
D&I：Diversity and Inclusion
PR：Public Relationship

　双方のグループともにインターナショナルな仕事環境についてダイバーシティ＆インクルージョンの価値を感じているが、日本人グループの方がこの点を重視するという結果になった。
　女性の活躍というのも双方のグループのアンケートの回答にあったが、ただ女性の活躍よりもインターナショナルな環境という要素の方に日本人グループがよりダイバーシティ＆インクルージョンを感じやすいと考察できた。もしかしたらインターナショナルな環境＝女性の活躍というイメージが紐づいているのかもしれない。

　皆さんも少し目をつぶってイメージをしてみてほしい。
　まるでパリで働いているかのようなデザインのオフィスに足を踏み入れ、多様な国籍の同僚がいて、カフェテリアで皆がリラックスして談笑して働いている職場と、男女比は50：50だが、まるで病院のようなモノトーンな職場で、みんながカリカリカリカリと余裕なく仕事をしている職場。自分の目標達成のことしか頭にないマネージャーたち。

この２つの職場では、皆さんはどちらからダイバーシティ＆インクルージョンに、よりポジティブなイメージを感じるだろうか？

　そして中国人グループについては、「尊敬」「オープン」「トランスペアレント（情報開示）」といった要素が、よりダイバーシティ＆インクルージョンを感じさせる重要な要素と考察できた。
　日本人グループがFacebookやTwitterを通じたダイバーシティ＆インクルージョンのPR活動についても価値を感じているということは興味深い。
　自分たちがしっかりやっていればPR活動なんて必要ないと思うような伝統的な日本企業も多くあると思うが、本リサーチの結果は積極的なダイバーシティ＆インクルージョンのPR活動について社員はポジティブに感じているということを示唆している。冒頭にも記載した通り、ダイバーシティ＆インクルージョンを向上させるためには、まずは「何に」社員がダイバーシティ＆インクルージョンを感じるのか？　をしっかり理解することが初めの一歩になる。アウトサイドインのアプローチと言っても良いだろう。
　では次に社員にネガティブなイメージを抱かせる要因についてもまとめたい。

　以下、日本人グループ、中国人グループのネガティブな要因Top5の比較表となる。

Table4.8　Non-Excellent D&I companyの日本人、中国人グループの
　　　　　回答比較

日本人グループ	中国人グループ
年功序列システム（5）	社員に対して興味がない会社。マネージャーがKPIや数字ばかりを追いかけている。(6)
伝統的すぎるシステムに固執した日本の会社（4）	D&Iに対して投資が一切なし（3）

部門間の風通しが悪い（2）	マネジメント層からのジェンダーに関する配慮にかける失言（2）
全てにおいてキッチリしすぎている (2)	階層にこだわる古い体質の企業（2）
男尊女卑（2）	トランスペアレンシーの欠如（2）

　ポジティブな理由の日本人グループ、中国人グループの回答比較と同様に、この比較は2国間の文化的な違いを浮き彫りにしている。

　共通点としては両グループともに古い体質だったり、縦割りが強すぎる組織についてはダイバーシティ＆インクルージョンの良いイメージが湧かないようだった。

　一方でネガティブ要因の上位の理由については2つのグループ間で違いが出た。

　日本人グループは50年以上続く日本固有のシステムとも言える年功序列を一番上の理由に挙げている。多くの日本企業では終身雇用を社員に提供し、社員もその雇用形態に慣れているため、親の世代も終身雇用で育ってきているというようなケースも多いのではないだろうか。

　多くの人々は大学卒業後に入った最初の会社に引退するまで勤める。この終身雇用という考え方があるため、組織階層も基本的には年齢を基にした構成になるのだ。

　典型的な年功序列を基にした日本の組織構造は、60歳以上の男性が取締役会または執行役員を占有し、50代の男性が上位マネジメント層を占め、40代の男性陣が現場のマネージャーのポジションを占有するというものだろう。

　年功序列評価ではマネージャーになりたければ、シニアなマネージャーの方針に沿っていき、必要な年齢になるまで待てば良いわけだから、基本的には波風を立てないようにと考える傾向が強くなるわけだ。その結果、自分たちの意見を言わない、言いづらい職場環境ができてくる。

　意見を言わない方が波風を起こさない良い社員、という理由で評

価される傾向が強くなれば、自然にダイバーシティの反対にあるホモジニアス（画一的）な組織になっていくわけだ。

阿吽の呼吸で仕事ができるというのは画一的な組織の強みというのもあるわけだが、日本の場合だと極端すぎるくらいダイバーシティができていないのかもしれない。

皆さんの会社では自分の意見を率直に言えるような環境になっているだろうか？　安心して自分の意見を上司や年配の社員にも言えているだろうか？

また昨今は、もう少なくなってきているとは思うが日本の寿退社という概念も、年功序列と並びダイバーシティに関してバイアスを作ってきたシステムだと思うので軽く触れておきたい。

この寿退社の概念が最近まで残っていたため日本では女性の結婚、出産のあとの働き方を勝手に決めてしまっているのだろう。その片鱗は日本の銀行や製造業にいまだ残る「総合職」「一般職」という新卒採用の手法だ。

基本的には男性は総合職、女性は一般職というのが伝統的な日本の銀行が行う区分けの仕方であり、高い給与や昇進というのは総合職に与えられて、一般職は低い給与と少ない昇進の機会というのがよくあるパターンだ。

この分け方の根底にある考え方は、女性はいずれ結婚して退職するのだから管理職になりハードワークをするべきではないという、ある種の男尊女卑的な固定概念ではないだろうか？

こういった伝統的な日本の働き方はまだ残っているところもあるが、2000年代のドットコムブームは今までなかった違う働き方や、違う価値観を日本の若い世代の中に作ってきた。

今までの伝統的な日本企業の働き方とは真逆とも言えるような働き方の提案をしたITベンチャー企業は、そういった仕組みに疑問を持っていた若手を惹きつけてきたと思う。

こういった新しい感性を持ったITベンチャーの40代、30代、あるいは20代のCEOたちはジェンダーを気にすることなく仕事

を割り振っていき、昇進の機会も若手や女性にも平等に与えていった。

　その結果、才能があり挑戦ができる環境を求めていた、若手や女性を採用することに成功していった。日本人グループのアンケートで「伝統的すぎるシステムに固執した日本の会社」がダイバーシティー＆インクルージョンにネガティブな影響を与える要素とコメントがあったが、男女比だけにこだわるよりも、こういった働き方や新しい仕事のやり方の価値観を柔軟に取り入れていくこともダイバーシティを成功させる秘訣なのである。

　社員にネガティブなダイバーシティ＆インクルージョンのイメージを与え得る要素というのは日本の場合、現場社員の男女比よりも、もっと根本的なところにあることがおわかりいただけたのではないだろうか。

Chapter 3

なぜ Sony のダイバーシティ & インクルージョンにおける認知は高く NTT は低いのか？ "できている" ／ "できていない" の認知を作る要因

　ダイバーシティ & インクルージョンに関する Perception based リサーチから Excellent ／ Non-Excellent company の認知を構成する要素が掴めてきたと思う。

　本章では Perception based リサーチの回答にもあった「ダイバーシティ & インクルージョンに関するウェブサイト、PR やソーシャルネットワーキングの活用」がどのように人々の認知に影響を与えるのかを調査してみた。以下が調査対象である。

- ・Perception based リサーチでコメントがあった企業のダイバーシティ & インクルージョンに関するページのコンテンツ量
- ・ダイバーシティ & インクルージョンに関する社員の声の数
- ・上級管理職における男女比

　例えば 2021 年 10 月 3 日時点で Google 検索で "Facebook Diversity" と検索すれば、507,000,000 件ヒットするわけだが "NTT Diversity" と検索した場合は 1,210,000 ヒットだった。

　もちろん Facebook はインターナショナル企業でかつ B to C サービス提供者なので、NTT と検索ヒット数での直接的な比較をするには土台が違うのかとは思うが、"Sony Diversity" と検索しても、

22,600,000 ヒットという結果だった。

　ソニーと NTT ではダイバーシティという単語の検索ヒット数で 18 倍の差がでている。NTT も日本を代表するグローバルブランドではあるが、ソニーとの違いはどこにあるのだろうか?

　なぜソニーは日本人グループから Excellent D&I Group の企業に選ばれて、なぜ NTT は Non-Excellent にカテゴリーされるのか? まずはリサーチで名前の挙がったいくつかの企業のウェブサイトの構成を調べてみた。

　Facebook のダイバーシティ＆インクルージョンに関するページ構成は以下の通りである (2021 年 10 月 3 日時点)。

Table 5.1　Facebookのダイバーシティ＆インクルージョンの
ウェブサイト構成

https://diversity.fb.com/	Top page	One level down	Two levels down
Facebook Diveristy	@Facebook	Managing Bias	Counteracting Unconscious Bias at Facebook and Beyond
			Female Public Policy Manager testimonial
			Facebook Resource Groups (FBRGs)
			Be The Ally
			MANAGING INCLUSION
		Be The Ally	Female Public Policy Manager testimonial
			MANAGING BIAS
			Facebook Resource Groups (FBRGs)
			MANAGING INCLUSION
	Managing Inclusion	Managing Inclusion	Male marketing employee testimonial
			MANAGING BIAS

		Facebook Resource Groups (FBRGs)
		Be The Ally
Female Software Engineer testimonial	Facebook Resource Groups (FBRGs)	
D&I report	Allies in Action Resource Guide for Everyone	

　そして以下が NTT のダイバーシティ＆インクルージョンのウェブサイト構成である。10 個のリンクが存在しているが、社員の声のようなものは掲載されていない。

Table 5.2　NTTグループのダイバーシティ＆
インクルージョンのウェブサイト構成

Top page	One level down
	最新情報
	CEO メッセージ
	育児・介護の取り組み
	障がい者の活躍
NTT Diversity	LGBTQの取り組み
	グローバルな取り組み
	多様な働き方の推進
	制度・仕組み
	データ集
	外部からの評価

　このように企業のダイバーシティ＆インクルージョンのページ構成を比べてみることは、人に「ダイバーシティ＆インクルージョン」を感じさせる要素とは何か？　を理解していくためのヒントになり得る。

多くの人々はFacebookで仕事をしたことがないにもかかわらず、Facebookはダイバーシティ＆インクルージョンができている企業だと人々に感じさせている。その1つの理由がこのウェブページのボリュームとPRだろう。

皆さんも自分たちの会社のダイバーシティ＆インクルージョンに関するページを見てみてほしい。そこには自分たちの会社ならではのコンテンツは掲載されているだろうか？　典型的なダイバーシティのウェブページをコピー＆ペーストしたような構成になっていないだろうか？

本章では、このような形でPerception based リサーチで名前の挙がった企業のダイバーシティ＆インクルージョンのウェブサイト分析を行っていきたい。

また「女性役員」の比率だったり「国際色」というキーワードも回答結果に挙がっていたので、取締役会、執行役員の構成についてもExcellent, Non-Excellent Group の比較をした。

以下はNTT、Facebook、Sony という3つの会社の取締役会の構成比較である。

Table 5.3　Facebook, NTT, Sonyにおける
取締役と執行役員構成の比較

Items	Facebook	NTT Communications	Sony
取締役の数 女性比率　(%)	9 44% (4/9)	9 22% (2/9)	11 36% (4/11)
執行役員の数 女性比率　(%) 人種比率　(%)	7 42% (3/7) 0% (All White American)	19 10% (2/19) 0% (All Japanese)	19 5% (1/19) 21% (4/19) (海外国籍が4名)

ソニーは日本企業でありながら、取締役の国際色の豊かさが特徴的だ。

アンケートにもあった通り、日本人グループは国際色豊かな企業からダイバーシティを感じやすい傾向がある。取締役が国際性に富

んでいれば会社の中も国際色豊かである可能性が高く、自由でオープンなコミュニケーションがあるようなイメージがつきやすいのではないだろうか。

　Facebookについては、女性役員比率が他と比べても高い点が特徴だが、人種という意味では白人に偏っている。これも後々の調査で出てくるがFacebookのダイバーシティにおける課題というのは、取締役におけるこの人種のバランスをどう改善するかだろう。

　現場の男女比率ではなくて、上級管理職の男女比率というのがどのようにダイバーシティ＆インクルージョンの認知に影響を与えるのかについても後述の章で調査をしたので参考にしてもらいたい。

　AccentureもExcellent GroupにノミネートされていたのでAccentureのダイバーシティ＆インクルージョンのウェブサイト構成も以下のように調査をしてみた。

Table 5.4　Accentureのダイバーシティ＆インクルージョンの
ウェブサイト構成

Top page	One level down	Two levels down	Three levels down
Accenture Diversity	Nikkei Woman ranked Accenture as the no.1 in the dynamic women engaging company top100	N/A	N/A
	The Culture Markers video	N/A	N/A
	Inclusive Starts With I video	N/A	N/A
	gender equality	3 Question with Ellyn Shook (Chief Leadership & Human Resources officer) on a culture of equality	N/A
		Our People, Our Culture of Equality	getting-to-equal-2020
			Press release-D&I-related-

		White paper to GETTING TO EQUAL 2018 from Accenture Japan Ltd
		Commitment to LGBT equality
		Accenture research reveals that creating a culture of equality enables LGBT professionals to thrive.
		White paper to age: Getting to Equal 2018-Spotlight on Young Leaders
		Getting to Equal 2017 White paper to the gender wage gap
		Getting to Equal 2017-Motherhood & Ambition
		Getting to Equal 2017-Fast-Track Your Career
		Cracking the gender code
		Women Careers

Three levels down	Four levels down
Women Careers	Welfare, allowance
	Female employee's blogs

　Accenture はジェンダーダイバーシティだけではなく、ジェネレーションダイバーシティについてもしっかりアピールしていることがウェブサイトの構成から窺える。
　そして以下のようなデータを積極的に公開している点も非常に興味深い。

・全社員に対する女性社員の比率
・全新卒採用に対する新卒女性の比率
・全管理職に対する女性管理職の比率
・グローバルのマネジメントコミッティーにおける女性の比率
・昇進者に対する女性の比率

- Revenue-generating ポジションに対する女性の比率
- エグゼクティブポジションおける女性の比率
- マネージングダイレクターにおける女性の比率
- 男性社員、女性社員の育休取得率の業界平均との比較
- 男性社員における育児休暇の平均日数

Accenture のウェブサイトでは、社員の顔写真付きの社員の証言を多数公開していることも特徴として挙げておきたい。

例えば Accenture が提供する福利厚生を、女性社員の活躍を紹介する写真を付けて一緒にアピールをしている。NTT も同様に女性社員への福利厚生のアピールはしているものの、Accenture と同じレベルではデータ公開をしてはいない。

例えば全昇進者の内、何％が女性だったかというデータは、もしかしたら都合の悪いデータだったりするかもしれないが、Accenture はこういったデータも含めて積極的に公開をしている。

皆さんの会社ではこういったデータは誰でも簡単に入手できたりするのだろうか？

社外の人たちが NTT をダイバーシティ＆インクルージョンができていると認知しないのは、こういった情報公開における積極性も関連しているだろう。

以下、NTT と Accenture のダイバーシティ＆インクルージョンページにおけるデータ公開項目の比較である。

Table 5.5　NTTとAccentureにおけるデータ公開項目の比較

Items	NTT	Accenture
全社員における女性社員の比率	○	○
全新卒採用に対する新卒女性の比率	○	○
全管理職に対する女性管理職の比率	○	○
グローバルのマネジメントコミッティーにおける女性の比率	✕	○
昇進者に対する女性の比率	✕	○

Revenue-generatingポジションに対する女性の比率	×	○
エグゼクティブポジションおける女性の比率	×	○
マネージングダイレクターにおける女性の比率	×	○
男性社員、女性社員の育休取得率の業界平均との比較	×	○
男性社員の平均育休取得率	○	○

　続いてアンケートで一番多く Excellent D&I company の声が多かった Google のダイバーシティ＆インクルージョンのウェブサイト構成を見てみたい。

Table 5.6　Googleのダイバーシティ＆インクルージョンのウェブサイトの構成

Top page	One level down	Two levels down	Three levels down
Diversity, Equity & Inclusion https://diversity.google/	Our work	Featured partnership	
		Support Grassroots employee communities(African, Asian, Black, Disability, Filipino, Aboriginal Indigenous, Google Veteran, Greyglers, Hispanic, Indus, Inter Belief, Iranian, Mixed, PRIDE, Trans, Women	
	Our conversations	39 videos about Equity	
	Diversity report	2021 Diversity Annual Report PDF	
		Insight #1 Hiring Hiring changes drove our best year yet for women in tech globally and Black+ and Latinx+ people in the US	
		Insight #2 Retention Tailoring our retention efforts is necessary to address the root	

		causes of higher attrition among Black+, Native American+, and Latinx+ Googlers.	
		Insight #3 Racial Equity Applying a systemic approach to racial equity is necessary to build sustainable change for our Black Googlers and users.	
		Insight #4 Accessibility & Disability inclusion Strengthening our focus on people with disabilities helped us better recruit, hire, and build for this community.	
		INSIGHT #5 — COVID-19 & WELL-BEING Supporting those most impacted by COVID-19 highlighted a universal need for well-being solutions.	
		Representation at Google, representation data	Google's Diversity Annual Report Data
	Our commitment to combat antisemitism	Inside Youtube	
	Our stories	207 D&I-related stories	

　以下の3点がGoogleのダイバーシティ＆インクルージョンのウェブサイトの特徴である。

1. 自社の改善点、弱みと思える点についても公表している。
2. 200以上のダイバーシティ＆インクルージョンの自社ストーリーを公開している。
3. 学術的、あるいは第三者からのダイバーシティ＆インクルージョンに関しての中立的なレポートを掲載している。

　Googleも2018年から2020年の間にいくつかのスキャンダルがあったわけだが、それにもかかわらず人々はGoogleにダイバーシ

ティ＆インクルージョンにおいて良いイメージを持っている。

　Google の D&I ページを見ていくと彼らの透明性を持った情報公開への姿勢というのが垣間見える。たとえ Google の女性幹部の比率が業界平均よりも低かろうと、または黒人の社員の比率が業界水準より低かろうと、そういったネガティブな要素とも思える情報も含めて Google は情報公開をしているのだ。

　このダイバーシティ＆インクルージョンに対しての姿勢と覚悟こそが、今日の Google の企業評価につながっていると思われる。Google はダイバーシティに関して臭いものに蓋をしないのである。（正確にいうと過去に蓋をしてスキャンダルに見舞われたかもしれないが、そのあとに自浄作用が働き継続してデータ公開やダイバーシティ＆インクルージョンの強化を行うことで、企業としての信頼を築き上げてきていると私は考察している。）

　以下は NTT、Accenture、Google　3 社のダイバーシティ＆インクルージョンのページにおけるデータ公開項目の比較となる。

　この比較からは Accenture は比較的ジェンダーダイバーシティに力を入れていることが窺え、Google はジェンダーに限らず様々な項目を公開していることがわかる。

　こうして比較をしてみると、NTT が公開しているデータと、後者 2 つのインターナショナル企業では、データ公開の深さにだいぶ差があると言えるのではないだろうか。

　繰り返しになるが、Google、Accenture ともに退職者数のデータや女性の昇進比率など人によっては不都合なデータと捉えられかねないものも、積極的に公開しているのだ。

Table 5.7　NTT, Accenture, Google 3 社のデータ公開項目の比較

Items	NTT	Accenture	Google
人種、民族ごとの採用比率	×	○	○
インターセクショナル採用（男/女）	×	○	○

地域ごとの人種、民族の採用比率&地域ごとのインターセクショナル採用	×	×	○
採用における男女比率	×	○	○
地域ごとの採用における男女比率	×	○	○
人種、民族ごとの離職率	×	×	○
インターセクショナルグループの離職	×	×	○
男女それぞれの離職率	×	×	○
人種、民族ごとの社員比率	×	○	○
男女の社員比率	○	○	○
インターセクショナルグループの社員比率	×	○	○
リーダーシップポジションにおける人種、民族の比率	×	○	○
リーダーシップポジションにおける男女の比率	×	○	○
リーダーシップポジションにおけるインターセクショナルグループの比率	×	○	○
全新卒採用に対する新卒女性の比率	○	○	×
昇進者に対する女性の比率	×	○	×
Revenue-generatingポジションに対する女性の比率	×	○	×
男性社員、女性社員の育休取得率の業界平均との比較	○	○	×
男性社員の平均育休取得率	○	○	×

　また本リサーチで Non-Excellent Group に名前の挙がった中国企業のダイバーシティ＆インクルージョンのウェブサイトについても構成を以下のように調査してみたので日本と米国企業の比較だけではなく、日本と中国、中国と米国との比較という観点でも参考にしてもらえればと思う。

Huawei

　Huawei は中国発のインターナショナル企業だが 2022 年 3 月時

点では彼らのダイバーシティ＆インクルージョンのページは内容が濃いものではなかった。Huawei はサステナビリティレポートの一部としてダイバーシティをとり上げてはいるが、上記で紹介しているような企業のようにダイバーシティ＆インクルージョンに特化したウェブページを彼らの企業サイトから見つけることはできなかった。

　一方で「Women in technology」という形で技術職に関する女性の採用という内容で女性社員に対する取り組みをとり上げているページは確認ができた。

　このウェブページでは 10 人以上の女性エンジニアがとり上げられており、女性の技術職での活躍促進のために 27 もの取り組みを紹介している。

　こういった技術職における女性の活躍促進への取り組みという意味では伝統的な日本企業よりも力を入れているとは思うが、一方でGoogle、Microsoft などと比べるとやはりダイバーシティ＆インクルージョンに関するコンテンツへの質、量ともに少なさを感じる。

Alibaba

　Alibaba のウェブサイトも一通り確認をしたが、ダイバーシティ＆インクルージョンに関してのウェブページは Huawei 同様に発見することができなかった。

　サステナビリティに関するウェブサイトはあるもののダイバーシティ＆インクルージョンについて PR されているページは見つけることができなかった。

　こういったダイバーシティ＆インクルージョンに特化したウェブページがないことや PR をほとんどしていないといったことも、Alibaba が Non-Excellent Group にノミネートされてしまっている理由なのかもしれない。

　Huawei、Alibaba ともに欧米企業に比べると、外部の人々が彼らのダイバーシティ＆インクルージョンへの取り組みをどう見るか

についての意識は高くはないのかもしれない。

Flex（旧 Flextronix）

　Flex はシンガポールを拠点とした製造業だ。この企業も Non-Excellent Group にノミネートされていたためウェブサイトを見てみた。

　Huawei、Alibaba とは違いダイバーシティ＆インクルージョンに特化したウェブサイトを見つけることができたが、そこでは一枚ものの PDF でダイバーシティ＆インクルージョンへの取り組みが紹介されていただけだった。

　明らかにダイバーシティ＆インクルージョンへの取り組みが不足していると思われる。

Tencent

　Tencent のウェブページも全て確認してみたが、ダイバーシティ＆インクルージョンのページを見つけることができなかった。

　Tencent は、彼らの素晴らしい社員教育のシステムや ESG（Environment, Social, Government）への取り組みについては紹介しているが、ダイバーシティ＆インクルージョンの PR というのは非常に薄いように見える。

　全体的な感想としては、Excellent D&I Group に入る企業はほぼ全てと言って良いほどダイバーシティ＆インクルージョンに関してのウェブサイト構成が厚く、しっかり PR もしている。

　一方で Non-Excellent D&I Group に入っていた企業の中には、ダイバーシティ＆インクルージョンに特化したページがなかったり、アピールが薄いことが確認できた。

　もしかしたら社内の現実と外向けにブランディング／PR されたイメージには乖離もあるのかもしれないが、ダイバーシティ＆イン

クルージョンの PR というのは社外の人のみならず、その企業の社員へ対してもポジティブな印象を作る効果があると、本調査を通して発見することができている。

2020 年に Google を退職した社員もブログで Google の外向けのイメージと社内の現実の違いを指摘したりしていたが、そのブログが公開されて 2 年経った後、なお Google はダイバーシティ＆インクルージョンの取り組みを世界でリードしている企業として認知されている。

逆説的に考えると、ダイバーシティ＆インクルージョンを PR できない企業というのは、そもそも PR ができるようなコンテンツが社内にないと考えることもできるのかもしれない。

コンテンツがないということは会社としての取り組みが薄いということだから、「PR がない企業＝ダイバーシティ＆インクルージョンへの取り組みがされていない」と考えても良いだろう。

本章でのリサーチでは外部への PR や露出のレベルが会社としてのダイバーシティ＆インクルージョンの取り組みのレベルと相関関係があり得て、また人々のダイバーシティ＆インクルージョンの認知にも影響し得るということが考察できた。

3.1　社員の証言（Employee testimonial）が与える影響

ここまで企業のダイバーシティ＆インクルージョンに関するウェブページの構成や PR が、人々のダイバーシティの認知に影響を与え得ることについてリサーチをしてきたわけだが、本章では、「社員の証言」がどのようにダイバーシティ＆インクルージョンの認知に影響するのかについても分析してみた。

というのも様々な企業のダイバーシティ＆インクルージョンのウェブページを調べていく過程で、Excellent D&I Group に入っている企業の 1 つの特徴が、この社員の証言の豊富さでもあったからだ。

　一方でNon-Excellent D&I Groupの企業のウェブページではこういった社員の証言があまり多くはなかった。まずは以下の表のように数値で比較をしてみた。

Table 6.1　社員の声の数の比較（ウェブページ二階層以内）

Excellent D&I Group	Google	Accenture	Microsoft	Sony	Apple	Average	Median
社員の証言やダイバーシティ&インクルージョンのストーリーの数	39	20	62	44	7	34.4	39

Non-Excellent D&I Group	NTT	Mitsubishi Electronic	Dell	Panasonic	Rakuten	Average	Median
社員の証言やダイバーシティ&インクルージョンのストーリーの数	0	0	1	0	7	1.6	0

　またソニーと同じ日本の製造業の社員の証言に関するウェブページを比較してみた。

　ソニーは実際に働いている人たちの声を社員の写真付きで上げているのに対して、比較対象の会社ではよくあるダイバーシティ＆インクルージョンのウェブページテンプレートを使っただけで社員の顔が見えるような社員の声は掲載していなかった。

　ソニーについては以下のような切り口で40以上もの社員の声を載せていた。

・ ダイバーシティの価値
・ ソニーで働く海外国籍の社員の紹介
・ ハンディキャップを持つ社員の働き方のストーリー
・ 子育てと業務を両方こなす女性社員のストーリー
・ 言葉の壁、文化の壁を超えた社員のストーリー

　こういった様々な社員の声を自社のウェブサイトに載せるというのは、もしかしたらトップマネジメントのダイバーシティに対する

姿勢が出ているのかもしれない。

　ウェブサイトに社員の証言があまり多く掲載していなかったとしても、素晴らしいダイバーシティ&インクルージョンの企業文化を持つ会社というのもあるかとは思う。

　ただ前述した通り、ダイバーシティ&インクルージョンに対する投資が低ければ、こういった社員の証言を作成する予算も限られる可能性が高いので、社員の証言の数とその企業のダイバーシティ&インクルージョンに対する意識の高さというのは、比例していると考えても良いだろう。

　そして私が調べた限りではあるが、Non Excellent D&I Group に入っている企業のダイバーシティ&インクルージョンのウェブサイトの構成とコンテンツは、ほとんどが「ダイバーシティへの取り組み、フレキシブルワーク、障害者雇用、LGBT への取り組み」といった項目を表面的に触れているだけで、その企業の色も全く出ておらず、ダイバーシティに対するこだわりも感じられないテンプレート的なウェブサイトばかりだった。

　エネルギーに満ち溢れた社員の証言を作っていくには、それなりにお金、労力、時間がかかる。よってこういった社員の証言を載せていない企業というのはやはり投資額が少ないのだろう。

　Microsoft のダイバーシティ&インクルージョンに関するウェブページを見てみると非常に多くの社員の証言を載せていることに気がついた。

　Microsoft の社員の証言の数については Excellent D&I Group の中でも抜きん出ているほど多かった。Microsoft の社員の証言には、ジェンダーだけではなく、国際的な雰囲気だったり、社員がいかにプライベートも大切にしてワークライフバランスを充実させているかといったストーリーが、社員の様々な表情の写真付きで掲載されている。

　一方で Non-Excellent Group に属している企業のページというのは、こういった社員の表情がある写真というのはあまり出てこない画一的なページになっていた。

　皆さんの会社では、どのくらい自社社員の声がウェブサイトに掲載されているか、ぜひ数えて比較をしてみてほしい。

3.2　お茶汲み、コピー取りを女性社員だけにさせながら
　　　ジェンダーダイバーシティを高々と掲げる会社の不思議

　本章では Openwork（旧 Vorkers）や Glassdoor といった、企業評価サイトにおける Excellent および Non-Excellent Group の社員の声を分析していきたい。現場社員がどのような行動や発言に対してダイバーシティ＆インクルージョンを感じるのかについてなどは、企業評価サイトの声を１つひとつ見ていき分析することで見えてくるものがあるからだ。

　冒頭でも記載したが、Openwork という企業評価サイトにおける NTT 女性社員からの NTT への評価というのは非常に高いものがあった。多くの女性社員は NTT が社員に提供している産休だったり、時短勤務だったり、リモートワーク環境にとても感謝しているというコメントをしている。

　Excellent D&I Group と Non-Excellent D&I Group の企業評価サイトにおける社員の声を一通り見ていった結果、発見ができたのは必ずしも「働きやすい」、もう少し厳しい表現を使うと「居心地が良い」環境の整備だけではダイバーシティ＆インクルージョンができているという世間の認知にはつながらないということだ。

　以下、もう少し詳細に見ていきたい。

　McKinsey で働く女性社員の声を分析してみたところ、どうやら子育て中の女性社員であっても、ハードワークな環境のようだ。
　以下 Openwork のコメントからの引用[1] である。

1　Openwork　マッキンゼーでの女性の働きやすさ https://www.vorkers.com/
company_answer.php?m_id=a0910000000GAHs&q_no=5

- 「男女の差はない。そんなことを気にする環境ではない」
- 「男性女性にかかわらずハードな環境。グラスシーリングのようなものは感じなかった」
- 「ジェンダーがキャリア昇進の機会を妨げることはない」
- 「女性だからと特別視されることはなく、すべての面で男性と平等」といった声があった。

McKinsey はハードワークな環境にもかかわらず人々から「ダイバーシティ＆インクルージョンができている」と思われている会社である。

何が Non-Excellent D&I Group の企業とは違うのだろうか？　その理由を知るために、まずは以下のように NTT と McKinsey で働く 48 件の女性社員の声を分析、分類し以下の表のように比較をしてみた。（50 件というキリの良い数字で比較したかったが Openwork の McKinsey 評価コメントが 48 件しかなかったため 48 件ずつで比較をしている。）

まず目についたのが、McKinsey がハードワークであると評した女性社員のコメントが NTT に比べて 12 倍多かったことだ。

NTT でも 2 件ほどハードワークという声があったが、やはり McKinsey は男女関係なしにハードワークな環境なのだろう。

そして 48 件中 19 件が子育てをしながら働く環境とは評価し難いとも答えている。

また興味深かったのが McKinsey で働く女性社員が 48 件中 16 件は「忙しいが、とてもフェアな職場」とも答えていたことだ。

Table 7.1　忙しさ、ハラスメント教育、男女平等に関する
McKinseyおよびNTTで働く女性社員のコメント数の比較

Items	McKinsey（48）	NTT West（48）
子育てと両立しづらい	19	0
ハードワーク	24	2
平等、ハラスメントがない	16	1

　McKinseyは女性社員に対して何か特別に優しいことをするような会社ではないようだ。しかしながらExcellent D&I Groupにノミネートされている。本書のタイトル通り、女性優遇≠ダイバーシティということを体現しているような会社だと思う。

　このコメントから学べることは、ジェンダーを気にしすぎて不平等な評価を出す会社より、厳しくてもフェアな評価を出す会社の方がダイバーシティ＆インクルージョンでポジティブな認知があるということだろう。

　しかし読者の中には「妊娠、出産、子育てがある中で女性社員にハードワークをさせることは望ましくない」と考える人もいるだろう。非常に繊細な問題であり必ずしも本書内の論述が十分なものであるとは言い難いが、ジェンダーの問題になったときに、このニュアンスの違いがExcellent D&I GroupとNon-Excellent D&I Groupの分かれ目になるだろう。

　そしてこのニュアンスの違いを作るのは、ダイバーシティ＆インクルージョンにおける社員の教育レベルの違いからきているとも私は考察している。

　そもそもだが「女性社員にハードワークをさせることは望ましくない」と考えてしまうのは、男尊女卑とまではいかないもののやはり男性が上級管理職を占めるべきだと無意識的に思い込んでいる可能性が高いためだ。

　なぜなら「女性社員にハードワークをさせることは望ましくない」というのは「女性が子育てをするもの」と考えているところからきている可能性が高いからだ。

　男性が子育てをする家庭があったとしたら、その家庭で女性がハードワークをすることは望ましくないのだろうか？

　筆者が出席した、あるダイバーシティの研修で講師が、「最近はアメリカでもレディーファーストとは言わなくなっている」と言っていたことを記憶しているが、これも考え方は「どうして女性がハードワークしちゃいけないの？」というところに行き着く。

　これは男性に限らず、女性も持ち得ているバイアスだが、その人

自身が男が夜遅くまで仕事をして、女が子供を育て家事をするという環境で育つと上記のようなバイアスが自然に生まれてしまうのだろう。

とはいえ、読者の中には、「子育て社員にもハードワークを強要しろ」と言っているのか？　と思う方もいるかもしれない。

では、こういった妊娠、子育てをしている社員に対して適切なコミュニケーションとはどういうものだろうか。男性読者でマネジメント職についている皆さんは、女性社員に妊娠を告げられたり、子育てが大変だと言われると、その女性社員に対して、どのようなコミュニケーションをとっているだろうか？

キーワードは「まずは選択権を与える」だろう。

こういったシチュエーションにて Non-Excellent D&I Group の企業がやりがちなコミュニケーションを紹介したい。例えば女性社員が妊娠をマネージャーに告げたとする。

そうすると即座にマネージャーが時短勤務を「命令」または「強く推奨」する。このときにその社員が時短を望んでおらず、自分のキャリアのためにバリバリ仕事はしたいと思っていても、その思いを言い出せなくなっていたとしたら、このマネージャーのコミュニケーションは適切とは言えないだろう。

一方で Excellent D&I Group の企業の場合、こういった状況があったときにはまずは社員に「選択権」を与える。健康第一ということは念頭におきつつ、そのまま本人が通常業務を望むのであればその選択を最大限尊重するというわけだ。

前者の場合だとマネージャーが「子育て」＝「時短」と決めつけて社員に選択をさせるという大切なワンステップが抜けているのだ。

この話に近いことで、小さな子供がいる女性社員があなたの会社の面接を受けにきているときに、もし候補者に「出張が月に３回ほどあるが大丈夫か？」と聞いて「問題ない」と答えるのであれば、採用後に過剰に出張を少なくしてあげるなどはやらない方が良いだろう。

　なぜなら候補者は選択権をもらった上で、通常業務を選択しているからだ。

　通常業務を選択したのにもかかわらず、過保護に接するなどというのは必要がないことだ。その逆も然りで、時短勤務を選択した社員に、過剰な業務を与えることもやってはいけないことである。

　ポイントとしては社員が選べる環境をまず提供すること、そして選択したあとは、社員が選択した業務内容とマネージャーが与える業務内容、および期待値に齟齬がないことだ。

　皆さんは部下に対して「選択権」を与えているだろうか？　自分たちの考える正解がその人の正解ではないことも多々あるのではないだろうか？

　ただ子育てをする女性管理職が活躍し続けられるためには、ここで述べている選択権を与えるということ以外にハードワークを支える家族の協力だったり、あるいは会社、国のサポートというのは必須だろう。

　筆者はシンガポールで仕事をする女性マネージャーを部下に持っているがシンガポールの女性管理職の比率は他の国に比べても高い。Ministry of Manpower, Report on Labor Force in Singapore のレポートによると2008年時点で35.1%という数値も出ている。

　全てのシンガポール人が使っているわけではないが、シンガポールではヘルパーと呼ばれる家事、子育て代行サービスを使うという概念が一般化しており、この手頃な費用で使えるヘルパー制度が女性の就業率の後押しをしていることは間違いないだろう。

　知らない人を家にあげることに抵抗があるという人も多いかと思うが、日本でも、もし月最低2万円～の報酬で住み込み、または毎日朝7時から夜8時まで家にいてくれて家族の朝昼晩の食事も作ってくれて、掃除、洗濯はもちろん、子供の送り迎えまでしてくれるヘルパーが一般化していたら、女性の就業率はもっと増えているだろうし、女性管理職も増えているだろう。

　このヘルパーの例は極端だが、女性に限らず子育て世代がハード

ワークをして働くためには、何らかのこういったサポートが必要なことは自明である。

　McKinsey の例の場合、年収が比較的高いので、子育てをしながら働く女性管理職は、もしかしたら自費でベビーシッターを雇ったり、はたまたパートナー側の子育ての参加率が高いという可能性が高いのではないかと推測する。

　企業が本当に女性管理職を増やしたいのであればやらなくてはいけないことは、時短勤務などの制度だけではなく、キャリアを作っていきたい女性が出産して子育てをしている中でも、ある程度のハードワークを可能にする環境づくりではないかと思う。

　それは自分たちでシッターを雇えるくらいの高い年収というのも1つの選択肢だと思うし、または時間で縛らない働き方、どこでも仕事ができる環境づくり、古い考え方しか持てていない上司の再教育や、企業内に保育所を作るなどといった Non-Monetary benefit と呼ばれる項目の強化である。

　日本は男性側の育休を取ることが世界一難しい国だと思う。

　その背景には年功序列を基本とした階層組織と、ホモジニアスで意見が言いづらい文化がある。

　男性読者の中には「男は育児をするより朝8時から夜9時までオフィスで働いて、そのあと、お客さんと夜までキャバクラに行って接待をする人が偉い」という考え方の人は実は多いのではないだろうか?

　こういった前時代的な価値観こそが、男性の育休取得を阻んでいる主たる原因である。日本人全体の特に子育てを終えた世代の再教育というのは必須だろう。

　個人的には東京都が育休を育業と名前を変えたことには、とても賛成だ。子供から目が離せず、24時間休む暇がない育児は仕事より大変だと思う。

　いつだったか、日本の男性若手議員が育休を取ると宣言したところ、総叩きにあった事件があった。その際に年配の男性国会議員が

「妻だけに任せておけないから育休をなんて気持ちは、まあ、あと5年くらい」と諭したわけだが、諭されるのはこの年配議員の方だろう。

このようなコメントをしておけば年配からの票は入るのかもしれないが、日本の常識＝世界の非常識が加速していくだけだろう。確かこの若手国会議員の妻も国会議員だったと記憶していたが、この批判をしていた人たちは、女の方は国会に早く戻ってこなくて良いとでも考えていたのだろうか。

ダイバーシティを推進することとは、ジェンダーのみに限らず様々なバイアスを取り除いていくことだと繰り返し述べているが、日本企業が、もし女性管理職の比率を上げたいなら、自分たちのバイアスを取り除いて、若手の男性社員がもっと休みを取りやすい雰囲気づくりをするのも男女比の議論をすることと同等に必要なことである。

外資系で働いていることもあって、あまり欧米かぶれするような言い方はしないようにしているが、ただ私個人の日系企業で仕事をした経験からも欧米企業の働き方と日本の働き方を比べると、日本企業の休みの取りづらさには疑問を感じざるを得ない。

ぜひ男性管理職も観点を変えて自社のダイバーシティ促進に何が必要かを考えてみてほしい。

お茶汲み文化：

Non-Excellent Group に属している企業の女性社員の声を追ってみると、NTT 同様に会社が提供する産休、育休には非常に満足しているという声が多かった。

ただ気になったのが「お茶汲み、掃除当番」に対する女性社員のコメントだった。お茶汲みとは、顧客が来社したときに、社員がお客様1人ひとりへお茶を提供する行為だ。

その女性社員の批判は、常に女性社員"だけ"にお茶汲みと掃除

当番をさせるということだった。

　男女比の改善は目指しているものの、こういった点で、差別を感じさせる企業文化があれば、ダイバーシティ＆インクルージョンに関して社員にネガティブな印象を与えかねないだろう。仮に男女比が50：50だとして、毎回お茶汲みを女性社員がやっている会社は、果たしてダイバーシティができていると言えるのだろうか？

　皆さんの会社でもこういった無意識的に、毎回女性社員にやらせてしまっていることはないだろうか？

　ちなみにExcellent Groupの女性の声も追っていくと、Excellent Groupの会社では逆に「お茶汲みやコピー取りを女性が強要されることがない」というコメントがあったことも興味深い。

　このお茶汲みやコピー取りというのは、声が上げられていないだけで日本社会における無意識的な差別なのかもしれない。Executive Assistantに女性が多いのは万国共通だが、お茶汲み文化は日本だけだ。Excellent Groupの女性からのコメントには女性を優遇するような形ではなく、女性だろうとフェアに仕事量が振られているというコメントが多くあった。

　そしてNon-Excellent Groupの他のコメントには、男性社員は長い時間仕事をすると評価されるという点についても言及があった。

　確かに日本の企業では長時間仕事をすることが、会社への貢献と認識される傾向がある。後の章で詳細を記載するが、Excellent D&I Groupの共通点として、働いた時間ではなく成果に対してフェアに評価をしているという点が挙げられる。

女性は怒られない：

　いくつかの日本の銀行における社員の声も分析してみた。他の日本企業と同様に女性社員からの福利厚生、産休、育休への評価は好意的なコメントが多かった。しかしながら以下のコメントは注目す

べきものである。

- 女性の活用目標（管理職の人数）があるので、いわゆる逆差別
  の状態。
- 女性は怒られない。大きなプロジェクトにもいない。部次長も
  全くいない。
- マネージャーは男性社員には厳しいフィードバックをするのに、
  女性社員には優しいフィードバックしかしない。マネージャー
  は男性社員を他の社員の前でも叱りつけるのに、女性社員には
  そうしない。
- 業務時間中にはセクハラはないが、飲み会の席では上級管理職
  の隣に座ることを要求され、お酌をすることも見えないプレッ
  シャーで求められる。

　ある女性社員はこういった女性贔屓を"逆女性差別"と表現をし
ていた。
　その心は、女性というだけで、能力、実績、経験に関係がなく昇
進をさせるということだ。このように女性社員を管理職に無理やり
でも登用しようとしている一方で、多くの日本の大手銀行には女性
の役員はほとんどいない。
　参考までにだが、私の参加していた Executive MBA のプログラ
ムには金融関係に勤める人も多くいたのでこの点について意見交換
をした際には、海外の銀行でも同じように女性のリーダーシップの
少なさを感じることはあるとのことだった。女性役員が少ないとい
う傾向は日本のみならず海外の銀行でも見られるようだ。
　ただ彼女は Citibank については最近女性の CEO が誕生し、リー
ダーシップの女性比率も増えているというコメントもしていた。
2022 年 9 月時点では 8 人いるリーダーシップボードの中に女性は
5 名となっていた。
　皆さんも機会があれば Citibank のリーダーシップのページを見
てみてほしい。

取締役または執行役員の構成についても後ほどの章で触れるが、このように現場に近い、部長、課長クラスまでは女性のマネージャーを増やそうとするが、その上になるとめっきりいなくなるという点は Non-Excellent D&I Group に共通する点でもある。

　なぜ新卒の男女採用比率は公開するのに、上級管理職の男女比率は公開しないのだろうか。

　そして以下の表は Microsoft、McKinsey、NTT東、三菱電機における女性社員からの声を比較してみたものである。

Table 6.2　Microsoft、McKinsey、NTT東、三菱電機における
ジェンダーに関する従業員のコメントの比較

Items	Microsoft	McKinsey	NTT East	Mitsubishi Electric
性別関係なく、男女ともにフェアに仕事が振られ評価される	13/50 26%	16/48 33%	4/50 8%	4/50 8%
女性優遇を感じる	5/50 10%	1/48 0.2%	4/50 8%	6/50 12%
男尊女卑を感じる	0/50 0%	0/48 0%	0/50 0%	6/50 12%

　この社員からの声をもとにした定性評価を通じて発見できたことは、Excellent D&I Group に共通しているのは、性別に関係なくフェアな評価体制があることである。

　Microsoft も McKinsey も働いている社員からはハードワークという声だったり評価が厳しいというコメントがあるが、総じて社員はプロとして扱われていると感じておりその点を評価しているようだ。

　一方で Non-Excellent Group に共通する傾向としては、ときに女性社員をプロとして扱っていないという点だろう。極端な例を挙げれば男性社員だけ残業をして女性社員は全く残業をさせないような会社や、難しい仕事は男性に、簡単な仕事は女性にと区別している

会社はダイバーシティ&インクルージョンで良い印象を社内にも社外にも与えられない可能性が高いというわけだ。

また評価の中には、女性営業職が特定のクライアントに対して、いわゆる日本のキャバクラ接待ができないためにアサインされないというコメントもあった。

こういった小さな不平等の声が積み重なっていくことがダイバーシティ&インルージョンのネガティブな認知につながっていっているのではないだろうか？

従業員の声を分析していくと、たとえ生産性が低くても会社の席に座って長時間勤務することが多くの日本企業において評価につながっていることもダイバーシティ&インクルージョンの促進の上では大きな課題になっていると考えられる。

皆さんの会社では女性社員が長時間働かないからといって、その社員のパフォーマンスに関係なく低い評価をつけているようなことはないだろうか？

あるいは、そこまで露骨ではないにせよ、男性管理職が「俺は沢山残業してきて出世したんだから、後輩もそうするべきだ」というようなマインドセットを持っていないだろうか？　いわゆる、「寝ないで仕事する俺偉い症候群」だが、その人が仕事ができて、あるいは仕事に没頭できる環境で長時間仕事することは結構だが、それを評価の基準にして自分と同じようになることを部下に押し付けるようではダイバーシティには失敗するだろう。

そのような企業においては、時短勤務という勤務形態を取得することに罪悪感を持ってしまう社員も多くいるのかもしれない。

Huawei

それでは日本企業に続いて、中国企業における社員の声の分析結果も記載していきたい。上記で分析した方法と同様に Glassdoor 内にある Huawei のダイバーシティ&インクルージョンについて社員からのコメントを分析してみた。

日本企業の分析には Openwork の声を使っているが、Openwork が日本国内のみを対象にしたサービスなので Huawei などの中国企業の情報源は、海外で利用されている企業評価サイトの Glassdoor を使っている。

　評価サイトの土台が違うので純粋な比較にはならないものの、日本と中国におけるダイバーシティの捉え方の違いを理解するには本分析も役に立つと思う。Huawei は Non-Excellent Group に属している企業だが以下のようなコメントが特徴的だったのでまずは紹介したい。

Glassdoor からの引用[2] ※日本語は意訳

- 中国人が多すぎてインクルーシブな企業文化を感じない（Too many Chinese means the culture is not really inclusive.）
- 数人を除いてマネジメント層は非常に傲慢である。システムが全体的に中国人社員に有利に作られており、人種主義を感じる（Except for a few, most of the people in management are extremely arrogant. Also, the whole atmosphere is flawed with racism and the system is skewed towards the benefit of Chinese employees.）
- マネジメント層が中国人で独占されている（Only chinese national are allowed to reach managerial positions, leading to very little diversity in the company.）
- 性別、国籍、年齢、ハンディキャップ、肌の色、人種、宗教における差別を目撃した（During the years of working with Huawei, I witnessed harassment, sexual harrasment, bullying, discrimination based on sex, nationality, age, disabilities, skin color, race and religion.）

2　Glassdoor での Huawei へのコメント https://www.glassdoor.com/FAQ/Huawei-Technologies-Question-FAQ200086-E9304.htm

- 中国の考え方はヨーロッパには合わない（Chinese mentality that is not in line with European countries.）
- 非中国人社員は契約社員のように扱われている。あなたが中国人ではないとするとキャリアの機会が限定されており、あなたの功績はあなたの中国人上司の個人的な成果と扱われるだけだ（Any non- chinese employee is treatened as some sort of contractor. Which means you'll have very limited career oportunities and your achievements will be recognized as your chinese manager's personal accomplishments.）

　日本企業のダイバーシティ＆インクルージョンの分析をしているとジェンダーに関しての問題点にフォーカスが当たってしまうのだが、中国を含めて他の国におけるダイバーシティ＆インクルージョンを分析していると、問題点というのは決して男女比率だけではないことがよくわかる。

　ダイバーシティは日本語で多様性と訳されることが多く、この概念の認知が上がってきているが包容性を示すインクルージョンという観点は日本ではまだまだ認知が低いように思える。

　いろいろな背景を持つ人たちを受け入れられる素養があるかどうかというのは企業、そして国が発展していく上ではとても大切なことなのだ。

　上記のコメントから考えさせられるのは、明示的であれ非明示的であれどのようなアンバランスも、差別をされていると感じさせるきっかけになるということではないだろうか？　例えば全ての管理職が中国人であれば、非中国人グループは差別を感じるというわけだ。

Alibaba

　Alibaba は中国を代表する E-commerce プラットフォームの提供企業だ。

　Huawei へのコメントと同じような評価もあったが、以下のコメ

ントが Huawei にはなく Alibaba にあったコメントである。気をつけていないと自分もこのような発言をしてしまいそうなのだが、こういったその国独自の言い回しを連呼することも、インターナショナルな環境で複数の国籍の社員と仕事をする際に彼らが受け入れられていない（インクルーシブされていない）と思わせてしまうということはぜひ覚えておきたい。

また Alibaba の 996（朝 9 から夜 9 時まで週 6 日間働き続けること）というようなその国独自の価値観を他の国に押し付けるというのは、ダイバーシティ＆インクルージョンの認知に対してはマイナスに働くということも良く覚えておきたい。

他の国の祝日に気を配るというのも気をつけなくてはいけない点だろう。

Glassdoor からの引用 [3] ※日本語は意訳

- 長い時間働くことを強要される。(long hours, lots of meetings and politics)
- 996 とトップダウンに中国中心の考え方を感じさせる。(996, overtime, chaotic, tired, brainwash)

Tencent

Tencent は中国を代表するオンラインゲームの提供会社だ。

他の中国企業と同様に Glassdoor のコメントを分析していくと Alibaba 同様にワークライフバランスに関するコメントが目についたのと、セクハラに関するフィードバックも見つかった。以下はコメントの引用である。

---

3 Glassdoor での Alibaba Group へのコメント https://www.glassdoor.com/FAQ/Alibaba-Group-Question-FAQ200086-E225974.htm

Glassdoor からの引用[4] ※日本語は意訳

- 性差別やセクハラが会社全体に見られる（Sexism and sexual harassment can be seen throughout the company.）
- 長時間労働をしている同僚からのプレッシャーを感じる。文化面のダイバーシティがないと感じる。（Lack of cultural diversity Peer pressure to work long hours.）

　長時間労働というのは日中韓を代表とするアジアパシフィック地域における１つの特徴とも言えるが、上記の社員の声の分析から考えさせられるのは、その国やその地域で働き方や価値観というのは違うということである。

　そういった違う価値観を受け入れられる素養があるかどうかが、ダイバーシティ＆インクルージョンができているという認知につながる。

　そしてこの違う価値観を受け入れられるか否かというのは企業であったり、はたまた国全体のダイバーシティ＆インクルージョンへの教養レベルが関係している。冒頭でも記載したが日本企業が海外で成功するためには英語を話せるだけでは足りない。

　国際社会において成功できる企業や人材というのは、こういった違う価値観に対して理解を示せて、尊敬を持って相手と接することができる人間なのである。

　とある映画で、英語がほとんどできない日本人が、海外の人たちと飲みニケーションを通して分け隔てなく仲良くなり、ビジネスでも成功するというようなシーンを見たことがある。これがダイバーシティ＆インクルージョンができているという一例だろう。

4　Tencent Glassdoor review https://www.glassdoor.com/FAQ/Tencent-Question-FAQ200086-E38281_P2.htm

3.3　女性の役員比率はダイバーシティ＆インクルージョンの認知に影響を与えるのか？

　女性を優遇するような措置を取ってもダイバーシティが良くなっているというイメージを与えることが難しいということは前述した通りだが、男女比のバランスを取ることに反対をしているわけではない。

　中国企業の評価のところでも記載した通り、いかなる企業でもバランスが悪く、そしてマイノリティーグループが受け入れられていないと感じたときに人は差別されているという感情を持つようになる。

　男女比を改善しようとしているのは多くの企業でやっていることだが、前述の銀行の例のように現場では男女比を改善しようとしているが上層部にいくと男の役員しかいないというような企業では、ダイバーシティ＆インクルージョンのポジティブな印象を与えることはできないと考察している。

　では現場ではなくて上位マネージャーの女性比率が高い企業、女性リーダーが活躍している会社というのはダイバーシティ＆インクルージョンの認知にポジティブな影響を与えることができるのだろうか？　という点を本章で調べてみた。

　まずは以下のように Perception based リサーチで名前の多かった企業 Top5 における取締役会と執行役員における女性比率を調べてみた。

Table 6.3　Non-Excellent D&I Group 、Excellent D&I Group
それぞれの取締役会、執行役員の女性比率

Non-Excellent D&I Group	NTT	Mitsubishi Electric	Dell Technolo- gies	Panasonic	Rakuten	Average	Median
取締役会	3/13	1/10	1/8	2/13	1/10	14%	13%
	23%	10%	13%	15%	10%		
執行役員	2/14	0/22	3/10	1/20	1/20	12%	10%
	14%	0%	30%	10%	5%		

Excellent D&I Group	Google (Alphabet)	Accenture	Microsoft	Sony	Apple	Average	Median
取締役会	3/11	4/10	5/12	6/10	3/9	40%	40%
	27%	40%	42%	60%	33%		
執行役員	12/31	13/46	2/7	1/19	5/18	26%	28%
	39%	28%	29%	5%	28%		

　分子が女性役員の数で分母が役員の全体数である。Non-Excellent Group における取締役会の女性役員の平均比率は 14%、執行役員における比率は 12% だった。

　対照的に Excellent Group における取締役会の女性役員の平均比率は 40%、執行役員における比率は 26% だった。NTT や三菱電機の企業評価を調べたところ、福利厚生や手当において女性社員の満足度が高いものの、両企業における女性役員の比率は Excellent Group にある企業と比べると低い。

　そして両企業ともに監査役や社外取締役には女性を登用しているが、それ以外のポジションについては全てが男性だった。

　多くの日本企業がダイバーシティというキーワードのもと、長い年月男女比の改善に取り組んでいるのに、取締役会や執行役員には男性しかいないのは不思議なことだ。

　読者の皆さんも、ぜひ一度、自分たちの会社の取締役一覧や執行役員一覧を見てみてほしい。皆さんの会社の女性役員比率はどのくらいだろうか？

　子育てをしている社員に対して時短勤務、産休、育休を提供するということは全ての社員にワークライフバランスを大切にして仕事をできるようにするという点では大切なことだと思う。

　McKinsey の企業評価を見てみても、時短勤務という選択肢を社員に提供していることが確認できた。

　繰り返しになるが時短勤務を選択した社員に対して残業を強要してはいけない。一方で中には役員への道にチャレンジしたいと思っている女性社員だっているはずである。

ポイントとしてはそういった社員にフェアにチャンスとリーダーシップ開発の機会が提供できているか否かだろう。McKinsey の社員の声を読み解いていくと、彼らは男だから、女だから、子育てしているからという、その個人の事情を鑑みて作業量を決めるのではなく、あくまでも役職に対して作業量と成果の期待値をフェアに設定しているように思える。

　ある女性社員がダイレクターのポジションを希望した上で、就任しているのであれば、ダイレクターに期待される仕事量と成果の期待を設定し、あとは本人がどのように仕事をするかは本人の裁量に任せているのであろう。

　そして成果に対して評価をしているので、男だろうと、女だろうとできる人は出世していくという構図なのだ。これがジェンダー平等の精神だと思う。McKinsey における女性役員の比率は 2022 年 2 月時点では 26%（30 人中 8 人）だった。

　これは Non-Excellent Group の平均値の 2 倍である。女性役員が生まれていない企業のよくある言い分としては「マーケットに女性が少ないから女性役員が少ないのは必然である。どの会社も女性役員は少ない」というのがある。

　もしかしたら、皆さんの会社のマネジメントも、なぜ女性社員が少ないのか？　という質問があったときに、こういった回答をしていないだろうか？

　ただ私が分析した限りだと、男女ともにこの女性役員についてバイアスがあるのではないかと思う。女性側においても女性役員で成功している例が少ない、あるいは社内にいないため、そこを目指せないと思ってしまっているケースが多いのではないだろうか。

　そして横並び主義という単語が説明している通り、他の企業がやらなければ、自分たちはやらないというのも女性役員が増えない 1 つの要因だろう。

　「どの会社も女性役員は少ない」という言い分を深読みすれば「他の会社も女性役員が少ないのだから、自分たちも無理に増やさなくて良いだろう（あるいは自分たちもできなくても、言いわけに

はなるだろう)」と思っている節もあるのではないだろうか？
　心地良い福利厚生で現場レベルには女性優遇とも取れるような措置をする一方で、上級職には女性は機会を与えられないのは、違う意味で女性差別と言っても良いかもしれない。

　続いて取締役会における女性の少なさの問題だが、これは株主構成まで見ていく必要がある。なぜなら取締役を任命するのは株主だからだ。
　以下はNTTと三菱電気の株主構成である。大株主の名前の中にはThe Master Trust Bank of Japan, Ltd（MTBJ）や財務省がある。
　ここでの問題点としては男性が役員を独占している日本の銀行が株主であれば、日本の銀行自体がダイバーシティについて進んでいないのだから、取締役選出においてジェンダーや国籍などを考えるようなこともバランス改善を要求するようなことも、株主からCEOへプレッシャーをかけはしないだろう。

Table 6.4　NTTの株主構成（2021年3月31日 時点）

Name	Share Holdings (in thousands of shares)	Percent of Total Shares Issued
The Minister of Finance	1,260,901	35.59
The Master Trust Bank of Japan, Ltd. (Trust Account)	340,536	9.61
Custody Bank of Japan, Ltd. (Trust Account)	141,767	4.00
Toyota Motor Corporation	80,775	2.28
Moxley & Co. LLC	33,541	0.95
Nippon Life Insurance Company	27,200	0.77
State Street Bank West Client–Treaty 505234	26,647	0.75
The Bank of New York Melon 140044	24,649	0.70
NTT Employee Stock Ownership	24,614	0.69

JP Morgan Chase Bank 385635	23,648	0.67
Total	1,984,281	56.0

Table 6.5　Mitsubishi electric principal shareholders（top 10）
　　　　　（2021年3月31日 時点）

Name	Number of Shares Held (Thousand Shares)	Percentage of Ownership
The Master Trust Bank of Japan, Ltd. (Trust Account)	305,688	14.3%
SSBTC Client Omnibus Account	105,037	4.9%
Custody Bank of Japan, Ltd.（Trust Account）	94,947	4.4%
Meiji Yasuda Life Insurance Company	81,862	3.8%
Custody Bank of Japan, Ltd.（Trust Account 7）	43,863	2.1%
Mitsubishi Electric Group Employees Shareholding Union	43,723	2.0%
Nippon Life Insurance Company	36,339	1.7%
JP Morgan Chase Bank 380055	33,335	1.6%
State Street Bank West Client–Treaty 505234	31,156	1.5%
Government of Norway	27,847	1.3%

　そして以下はソニーの株主構成である。（2021年3月31日時点）
NTT同様にMTBJも株主ではあるが、NTT、三菱電機と比べて
ソニーの株主にはCitibankやJP Morganといった海外からの投資
家も多いことが確認できる。
　そして海外投資家はリーダーシップメンバーのダイバーシティに
も高い意識を払っていることが多い。なぜなら、リーダーシップが
特定のグループで固められている企業は企業の持続性や、健全な意
思決定に問題が生じやすい傾向があったりするからだ。
　また後述するがダイバーシティがされていないリーダーシップの
企業はスキャンダルが多い傾向にある。

Table 6.6　Sonyの株主構成（2021年3月31日 時点）

	Name	Number of Shares Held (in thousands)	Percentage of Shares Held
1	Citibank as Depositary Bank for Depositary Receipt Holders (Note 1)	118,811	9.60%
2	The Master Trust Bank of Japan, Ltd. (Trust Account) (Note 2)	116,839	9.40%
3	Custody Bank of Japan, Ltd. (Trust Account) (Note 2)	73,557	5.90%
4	JPMorgan Chase Bank 385632 (Note 3)	28,132	2.30%
5	Custody Bank of Japan, Ltd. (Trust Account 7) (Note 2)	24,118	1.90%
6	Ssbtc Client Omnibus Account (Note 3)	23,803	1.90%
7	State Street Bank West Client–Treaty 505234 (Note 3)	19,400	1.60%
8	Government Of Norway	19,284	1.60%
9	Custody Bank of Japan, Ltd. (Trust Account5) (Note 2)	19,205	1.50%
10	Custody Bank of Japan, Ltd. (Trust Account6) (Note 2)	17,028	1.40%

　続いて比較という意味でも中国企業におけるリーダーシップメンバーの男女比を見ていきたい。

Table 6.7　中国人グループの Excellent / Non-Excellent Group企業 Top5におけるリーダーシップメンバーの男女比

Excellent D&I Group	Google (Alphabet)	Accenture	Microsoft	Sony	Apple	Average	Median
取締役	3/11	4/10	5/12	6/10	3/9	40%	40%
	27%	40%	42%	60%	33%		
執行役員	12/31	13/46	2/7	1/19	5/18	26%	28%
	39%	28%	29%	5%	28%		

Non-Excellent D&I Group	Alibaba	Tencent	Huawei	Flex	Xiaomi	Average	Median
取締役	2/10	0/8	3/24	4/12	0/7	13%	13%
	20%	0%	13%	33%	0%		
執行役員	5/13	0/15	3/24	4/16	0/13	15%	13%
	38%	0%	13%	25%	0%		

　全体的な感想からすると中国企業における Non-Excellent Group の企業の女性リーダーシップの傾向も日本企業と同様に男性が占める傾向だった。

　Tencent と Xiaomi においては女性の幹部が一切いないという状態だった。また Tencent においては取締役の年齢についても開示をしていた。

　最も若いダイレクターが 47 歳の Pany Ma、続いて、48 歳の COO の Martine Lau、他の取締役はそれぞれ 68 歳、57 歳、64 歳、70 歳、65 歳、そして 66 歳だった。この取締役陣の年齢というのが中国において何を意図しているかまでは調べていないものの、全ての役員の年齢が高いということは伝統的かつ少し硬いイメージを与えるのではないだろうか。（あえてそういう見せ方をしているのかもしれないが。）

　Alibaba のリーダーシップにおける女性比率は他の中国企業に比べて高かった。

　Alibaba は女性比率が高いのに、どうして中国人グループにおけるダイバーシティ＆インクルージョンの認知が低かったのだろうか？　私の推測としては彼らのハードワークが全ての社員に強要されるカルチャーと、そして低い国際性だと考えている。

　以下は Alibaba と Sony の地域別の売上構成比率の比較だが Alibaba についてはまだ 70% 以上の売上が中国国内に依存している。一方でソニーについては国内への依存度は 1/3 以下になっており海外の売上比率が高い企業である。

　この比較からやはり国際性が豊かな企業は比較的ダイバーシティ

＆インクルージョンにおいてポジティブな認知を人々に与えると考えられるのではないだろうか。

Figure 6.7　Revenue distribution of Alibaba in 4th quarter 2021 by Statista

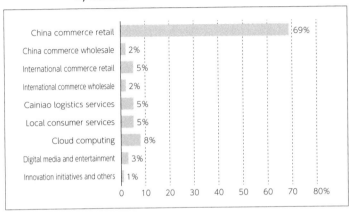

Figure 6.8　ソニーの地域別売上構成

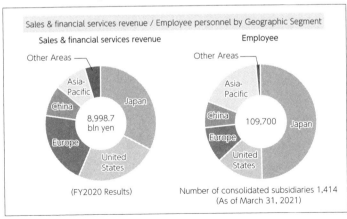

ここまでのまとめとなるが、調査の結果から以下の5点がダイバーシティ＆インクルージョンにおいてポジティブなイメージを与える主要な要素と考えられる。

- ・国際色の豊かさ
- ・ハラスメントを含むダイバーシティ全体に対しての社員（トップマネジメント含む）の教育レベル
- ・フェアな評価、昇進システム
- ・リーダーシップポジションにおける男女比や国籍のバランス
- ・PRや社員の声の全体量

　それでは次の章では、どのような企業がダイバーシティ＆インクルージョンの取り組みで成功しているのかをケーススタディとして見ていきたい。

Chapter 4

ケーススタディ

4.1　ダイバーシティに成功している企業の例

　ウェブに公開されている記事を検索すれば、ダイバーシティ＆インクルージョンの組織へのポジティブな影響についての記事を見つけることができる。McKinseyもダイバーシティ＆インクルージョンに関連する調査で以下のように記載している。

引用[5]: 日本語は意訳

　　エグゼクティブチームにおけるジェンダーダイバーシティは私たちがデータを調査した様々な地域で高い利益率と相関関係があることを発見している。(We found that having gender diversity on executive teams, specifically, to be consistently positively correlated with higher profitability across geographies in our data set)

　ここで皆さんにも質問したいのだが、逆にダイバーシティ＆インクルージョンができていないことで起こるネガティブな影響にはどういったものがあると考えるだろうか？
　私がネガティブな影響と聞いて真っ先に浮かぶのが致命的なス

5　Mckinsey diversity report https://www.mckinsey.com/business-functions/people-and-organizational-performance/our-insights/delivering-through-diversity

キャンダルだ。初めにクリアにしておくが Excellent D&I Group に属する企業でも過去にスキャンダルは出ている。

　ただ、こういったスキャンダルを比べても Non-Excellent Group におけるスキャンダルというのは、より深刻なものがあるように思える。

　三菱電機のスキャンダルでは、品質に関する改ざんが35年間もの間隠蔽されてきた。そして記事によれば上層部についても、その改ざんの事実を認知していたということだ。そしてこの改ざん問題以外にも、三菱電機では男性社員が上司のパワハラによって自殺をしている。

　またNTTドコモにおいては女性上司が男性社員が嫌がっているのにもかかわらず、その社員をゲイバーに無理やり連れていき、店員に体を触らせたというスキャンダルがある。この際に男性社員はやめてほしいことを伝えていたのにもかかわらずその女性上司は笑ってやめなかったそうだ。さらに、72時間連続で眠らないことを強要されたり、音楽ができないのに作曲をすることを命じられたというものだ。後日、その男性社員はNTTドコモを訴えている。

　パナソニックの子会社であるパナソニック産機システムズでは、採用した新卒社員に自殺を促した結果、本当に自殺をしてしまったという事件もある。記事によればHRのマネージャーがソーシャルネットワーク上でその新卒社員をののしったということだ。

　日立製作所も170時間の業務を男性社員に強要し、結果、その社員が適応障害を発症している。

　こういったスキャンダルは見ていて心が本当に痛む。ダイバーシティ＆インクルージョンが全ての解決策だとは思っていないが、もっと日本社会で、そして日本企業でダイバーシティ＆インクルージョンに対する理解が上がってくれば、こういった痛ましい事件も減るのではないかと私は信じている。

　どうしてダイバーシティ＆インクルージョンが必要と思うのか。それは、上記のようなスキャンダルは以下のような流れで起こっているからだ。

1. ダイバーシティ＆インクルージョンに対する理解が低くリーダーシップチームが固定のグループで独占されている。
2. ダイバーシティがされていない階層組織の中では意見を言いづらくなる、または反対意見を言う人が少なくなるので臭いものに蓋をしがちになる。
3. 致命的なスキャンダルが起こる。
4. スキャンダルが起こることで会社のイメージが悪くなりダイバーシティ＆インクルージョンの良いイメージを作れなくなる。
5. 会社が良い人材を惹きつけられなくなる。
6. さらに会社が内向的になる。

このような負のスパイラルに陥らないためにもリーダーシップにおけるダイバーシティは非常に大切なことである。

ここで紹介したスキャンダルを起こしてしまった企業というのは、すべからくダイバーシティの一環で男女比の改善に取り組んでいる。

ただ男女比の改善というボトムアップだけで企業カルチャーを変えるというのは非常に時間がかかるので、私からの提案としては社内で幹部登用へのプログラムをマイノリティーグループ（少数派グループ）向けに用意することだ。

よくありがちな女性幹部を作りたいがために、昇進基準や採用基準を低くするようなことをする必要はないと思う。というよりも、してはいけない。

採用基準や昇進基準を低くして無理やり女性リーダーを作ったとしても、後日リーダーシップに課題が出てしまい、部下や他の部署から、そのリーダーに対して疑問を呈されるようになってしまう。

そうなると、そのポジションについた女性も苦しいし、次に続く女性幹部も「女性だからマネージャーに登用されている」という周囲のバイアスに苦しむようになる。本末転倒な結果を生んでしまうだろう。

だから女性優遇をしてもダイバーシティは良くならないと言えるのだ。そのように昇進基準、採用基準を下げるよりは、女性社員と

いうマイノリティーグループからポテンシャルのあるリーダー候補を作り、企業幹部の基準を満たす、または、より引き上げてくれるように人材投資をする方がはるかに健全である。

　また前述した通りこういったマイノリティーグループに対しての Non-Monetary Benefit を最大化させることも人事戦略の1つだろう。

　もし私が女性幹部を作れというミッションを与えられたとすれば、社外で成功した女性幹部にその女性幹部候補のメンターになってもらうよう交渉をしたり、専門分野をより伸ばすための外部研修機関の活用などを検討すると思う。ちなみにこの考え方はジェンダーだけではなく人種などのダイバーシティにも当てはまる。

　例えばあなたが多国籍企業で働いていたとして、上層部がアメリカ人やインド人の Native English スピーカーで独占されていたとする場合、非英語圏で将来リーダーになれる候補に対して人材育成のプログラムを提供し成長をさせた上で、昇進の機会を与えることで非 English Native の人材をリーダーシップメンバーに加えて人種面でもダイバーシティを成功させることができる。

　皆さんの会社には、こういったマイノリティーグループに焦点を当てたリーダー育成プログラムはあるだろうか？　もしなければ男女比だけの話をするのではなく一歩進めてこういった観点も会議で提案してみると、皆さんの会社のダイバーシティ＆インクルージョンの施策はさらに良くなるだろう。

4.2　ケーススタディ：GAP

　では先ほど紹介した5つのキーポイントをカバーしている企業は Google などを除いて、あるのだろうか？　もちろん完璧にダイバーシティ＆インクルージョンができているような企業はない。ただグローバル展開しているアパレル業界というのはそれぞれの土地に根付いてビジネスをする必要があり、また B to C で多くの社員を雇用しているため他の業界と比べても比較的ダイバーシティが進

んでいる業界と言えるだろう。

　今回は成功している企業のケーススタディの対象としてGAPと Fast Retailing を選んだ。また Uber は過去の致命的なセクハラに 関するスキャンダルからダイバーシティ＆インクルージョンを強化 した会社なのでIT業界から Uber をケーススタディとしてピック アップしてみた。

　まずはGAPだが11人いる執行役員（Executives）の中で8人 が女性であり、これは非常に高い女性幹部の採用率と言えるだろう。 さらに13人いる取締役の中で6人が女性だ。（2022年2月時点）

Table 7.1　GAPの執行役員チームにおける男女比率

Title	Gender
Chief Executive Officer	Female
Chief Financial Officer	Female
Chief People Officer	Female
President and CEO, Old Navy	Female
President and CEO, GAP Brand	Male
President and CEO, Banana Republic	Female
President and CEO, Athleta	Female
Chief Growth Officer	Male
Chief Digital and Technology Officer	Male
Chief Growth Transformation Officer	Female
Chief Legal and Compliance Officer and Corporate Secretary	Female

Table 7.2　GAP取締役会における男女比率

Board of directors/Gender
Male
Female
Male

Male	
Male	
Female	
Female	
Male	
Male	
Male	
Female	
Female	
Female	

　そして以下の通り GAP は Accenture や Google といった Excellent D&I Group と同様にリーダーシップにおける女性比率も公開している。こういった積極的な情報公開の姿勢は、ダイバーシティ＆インクルージョンができているというイメージを作ることに大きく貢献していると考えられる。

Figure 7.1　GAP's female mix in leadership position.

　さらに GAP は Google 同様に人種比率も公開している。データ

を見てみると白人系が本社のリーダーシップメンバーの大半になっていることが確認できる。こういったデータは不都合だと思って公開しない企業も多いとは思うが、GAPやGoogleはオープンに公開している点が特徴的だ。

Figure 7.2　GAPの店舗リーダーシップにおける人種比率

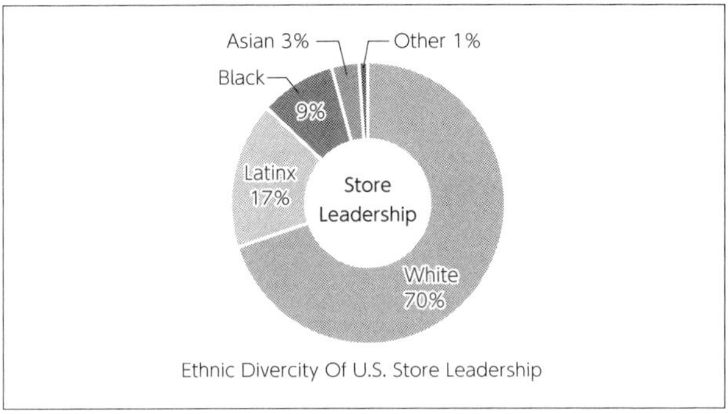

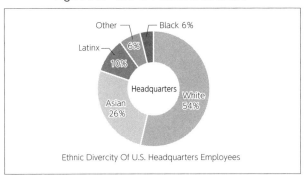

Figure 7.3　GAPの本社における人種比率

GAPは2013年から毎年ジェンダーレポートを公開している。彼らのウェブサイトにいって"People data"のページを見れば上記

のような、社員のダイバーシティに関するデータを見ることができる。

　こういったデータ公開の姿勢というのは株主を含む社内外へのダイバーシティのコミットメントとも取れるし、もしあなたの会社がダイバーシティ＆インクルージョンをより促進したければ、不都合なデータも含めて GAP のように公開をしていくべきだろう。忖度なくデータを公開していけば、その過程で改善すべき点も見えてくるだろうし、外部への公開によって会社の健全性も保てるだろう。

　ワンマンの経営者や声の大きなマネージャーに忖度して公開を制限するようではダイバーシティ＆インクルージョンの促進は難しいだろう。

　データ公開については、そういった権力者がコントロールできないよう独立したチームの発足が必要だ。

　そして GAP は 100 以上ものダイバーシティ＆インクルージョンに関するストーリーを公開している。上述した通り従業員の証言というのはダイバーシティ促進のキーポイントの１つである。GAP もそうだが、Excellent D&I Group に共通することはダイバーシティ＆インクルージョンのメッセージングを社長や CEO を中心にするわけではなく、現場の社員にフォーカスを当てている点だろう。

　GAP は少し極端な例かもしれないが、彼らのダイバーシティ＆インクルージョンのトップページにいくと、CEO のメッセージなどは出てこない。

　一方で Non-Excellent Group のダイバーシティ＆インクルージョンのトップページは必ずといっていいほど CEO のメッセージから始まっている。

　CEO のメッセージから始まることも悪いこととは言わないものの、GAP のようにフォーカスを社員にしてみるのも効果的なのかもしれない。

Figure 7.2　GAPのダイバーシティ＆インクルージョン　トップページ

とはいえ、GAP も Glassdoor ではダイバーシティ＆インクルージョンに関してネガティブなフィードバックは他の企業と同様に書かれている。以下は Glassdoor にあったコメントの抜粋である。

引用[6]：日本語は意訳

- 給与の平等とシニアリーダーシップにおける人種のバランスが悪い（Lacks pay equality and racial diversity in senior leadership）
- ワークライフバランスが悪い（No work life balance throughout）
- 賃金が低い。業務の幅が狭い（Low Pay, Not a lot of variety of work/tasks）

　上記のコメントから考えさせられることはダイバーシティ＆インクルージョンという課題に終わりはないということだ。
　どんなにバランスに気を配っても、どこかにマイノリティーグループというのは必ず存在し得るし、どんなにダイバーシティに投資をしている企業でも社員からのネガティブなコメントは発生し得る。

6　参照：https://www.glassdoor.com/FAQ/Gap-Question-FAQ200086-E114118_P5.htm

GAP に関するコメントでは本社における白人比率の多さを指摘
されていた。中国発のインターナショナル企業であれば中国人が
リーダーシップに多すぎると批判され、日本発のインターナショナ
ル企業も日本人が多すぎると批判されるだろう。

　ただ GAP から学ぶべきことは彼らのダイバーシティ＆インク
ルージョンに対する姿勢ではないだろうか？　本社に白人が多いこ
とは GAP の首脳陣もわかっており、それを踏まえた上でデータを
公開し、批判の声にも耳を傾け、きちんと従業員にも向き合ってい
る。

　そして Glassdoor には給与の不平等に関するコメントもあったが、
GAP は給与のデータも公開をしている。GAP は Child labor につ
いて以前スキャンダルがあったが、そういった難しい問題を踏まえ
て日々ダイバーシティ＆インクルージョンを改善している。

　スキャンダルという点に関していうと、ダイバーシティ＆インク
ルージョンに関しての取り組みがしっかりしていて積極的にデータ
を公開している企業の方がスキャンダル後の自浄作用と立ち直りが
早く、一方で Non-Excellent Group に入る企業は同じような問題を
繰り返してしまう傾向があるようだ。

　皆さんの会社のマネジメントはどのくらいダイバーシティ＆イン
クルージョンにコミットしているだろうか？　情報開示に積極的か
ぜひチェックしてみてほしい。

4.3　ケーススタディ：Fast Retailing（ユニクロ）

　Fast Retailing（ユニクロ）は INDITEX、Hennes & Mauritz に
ついで売上高の高い世界 3 番手のアパレル企業である。またアジ
ア発のアパレル企業では唯一グローバルの Top10 に入っている。
以下アパレル企業の売上ランキングの通り、Top10 はほぼ欧米企
業に独占されていることを考えるとユニクロはソニーに続いてグ
ローバルビジネスで成功した日本発の企業と言えるだろう。

Table 7.3　グローバル小売企業ランキング（2021年4月28日）

Company Name (Flagship Brand)	Country and Region	End of Fiscal Year	Sales (Trillion of yen)	Sales (Billions of dollar)	Change (%) (local base)
INDITEX （ZARA）	Spain	Jan. 2021	2.63	24.8	-27.9
Hennes & Mauritz	Sweden	Nov. 2020	2.39	22.48	-19.6
FAST RETAILING (UNIQLO)	Japan	Aug. 2020	2.01	18.91	-12.3
GAP	USA	Jan. 2021	1.47	13.8	-15.8
L Brands	USA	Jan. 2021	1.26	11.85	-8.3
PVH （Calvin Klein, Tommy Hilfiger）	USA	Jan. 2021	0.76	7.13	-28
Ralph Lauren	USA	Mar. 2020	0.65	6.16	-2.4
NEXT	UK	Jan. 2021	0.52	4.94	-17.2
AMERICAN EAGLE OUTFITTERS	USA	Jan. 2021	0.4	3.76	-12.7
Abercrombie & Fitch	USA	Jan. 2021	0.33	3.13	-13.7
Esprit	Hong Kong	Jun. 2020	0.13	1.19	-21.1

　まずは GAP 同様に Fast Retailing のリーダーシップメンバーの男女比を調べてみた。

Table 7.4　Fast Retailing の取締役会における男女比[7]

項目	比率 （%）	絶対数
女性比	0%	0/16
外国籍役員	12.5%	2/16

Fast Retailing の執行役員における男女比

項目	比率 （%）	絶対数
女性比	15%	6/40
外国籍役員	20%	8/40

7　https://www.fastretailing.com/eng/ir/direction/position.html

Position	Gender	Nationality
Chairman, President & CEO	Male	Japanese
President of Global Creative	Male	Non-Japanese
Head of CEO Office	Male	Japanese
Group Senior Executive Officer	Male	Japanese
	Male	Japanese
	Male	Non-Japanese
	Male	Japanese
	Male	Japanese
	Male	Japanese
	Male	Japanese
	Male	Japanese
	Male	Japanese
	Male	Japanese
	Male	Japanese
	Male	Japanese
Group Executive Officer	Male	Japanese
	Female	Japanese
	Female	Japanese
	Male	Non-Japanese
	Male	Japanese
	Male	Japanese
	Male	Japanese
	Male	Non-Japanese
	Female	Japanese
	Male	Japanese
	Male	Japanese
	Male	Japanese
	Female	Japanese
	Male	Japanese

Male	Japanese
Male	Japanese
Male	Japanese
Male	Japanese
Male	Japanese
Male	Japanese
Male	Japanese
Male	Japanese
Male	Japanese
Male	Japanese
Male	Japanese
Male	Japanese
Female	Non-Japanese
Male	Japanese
Male	Japanese
Male	Japanese
Male	Japanese
Male	Japanese
Male	Japanese
Male	Japanese
Male	Non-Japanese
Male	Japanese
Male	Japanese
Male	Japanese
Male	Non-Japanese
Female	Non-Japanese

　GAP と比較をすると Fast Retailing の女性役員の比率はまだ低いが、外国籍役員の登用については他のインターナショナル企業と比べても高い基準と言えるだろう。
　続いて Fast Retailing のデータ公開姿勢についても他企業同様に

確認したい。

Table 7.5　Fast Retailingのダイバーシティ&インクルージョン
　　　　　データ公開

正規社員における女性比率	71.30%
マネジメントポジションにおける女性比率 [1][2]	42.60%
新卒採用における女性比率	69.00%
平均勤続年数（男女）	女性8.5年、男性 8.7年

[1]　マネジメントポジションはブロックリーダー、ストアマネージャー営業、コーポレートオフィ
　　　サー、ジェネラルマネージャー、本社リーダーポジションを含む。
[2]　女性マネージャーの比率についてはSGS Japan Co., Ltd.から精査されている。

　他の Excellent D&I Group と同様に Fast Retailing はデータ公開
を積極的に行っている。ただ GAP が女性比率については VP（Vice
President）、ダイレクター、マネージャー、そして店舗マネージャーと
細かいレベルで公開しているのに対して Fast Retailing はシンプル
に"マネジメント"グループとして公開している。

　またユニクロの海外事業の売上比率については日本のユニクロビ
ジネスよりも大きい。そういった点を考えると取締役が日本人の男
性で独占されていることに若干の疑問が残るが、元ゴールドマン
サックスの役員であり、Womenomics の提唱者であるキャシー松
井氏を外部取締役に加えたことは、ダイバーシティ&インクルー
ジョンへの投資を加速させて、よりインターナショナル事業を強化
していくという意志の現れとも取れる。

　他に Fast Retailing が進めているダイバーシティ&インクルー
ジョンの取り組みとして挙げるとすれば、グローバル・ダイバーシ
ティ・リーダーシップチームがあるだろう。
　この取り組みでは世界の様々な地域から5人のリーダーが男女
バランスよく選出されている。ただこのダイバーシティリーダーも
若干、人種構成がアジアに偏っているため、今後アジア以外のビジ

ネスを強化するときに、もう少し人種構成のバランスを変えていく
とは思われる。

　GAP に比べると人種や男女比のバランスはまだ課題があるもの
の、他の日本企業に比べると Fast Retailing は遥かにダイバーシ
ティ＆インクルージョンが進んでいると考えて良いだろう。

　Non-Excellent D&I Group についてはこういったダイバーシティ
＆インクルージョン改善に特化したチームなども組織されてはいな
い。

　また Fast Retailing は Excellent D&I Group の特徴である社員の
証言について女性や海外社員といった豊富なコンテンツを公開して
いる。

　Fast Retailing も ダイバーシティ＆インクルージョンについては
改善途中かとは思うが、インターナショナルな雰囲気と社員の証言
の豊富さの２つを押さえている点は、他の日本企業に比べるとダ
イバーシティ＆インクルージョンへの取り組みができていると評価
して良いだろう。

　次に Fast Retailing 社内の評価体制を見てみたい。他の企業と同
様にユニクロの Openwork にあった女性社員からの 50 件の声を分
析してみたところ他の Non-Excellent Group の企業との違いの１つ
として、成果主義に対するコメントが多かったことが挙げられる。

　50 件中 14 件の女性社員からのフィードバックがユニクロの評価
体系を平等で満足できるものと話しており、また女性だからといっ
て特別扱いされることはないといったコメントも確認できた。

　これは私個人としても正直驚きではあった。なぜなら成果主義が
基本である外資系企業はさておき、日本企業でさらに日本で働く女
性社員がそう評するのは素晴らしいことだと思う。ジェンダーに関
係なく、その役職に対して適切な業務量を与え、そして成果を出せ
ばその人の性別や国籍に関係なく評価や昇給を提供する。

　当たり前といえば当たり前のことに思えるかもしれないが、前述
した通り、多くの Non-Excellent Group の企業では、管理職に女性
が欲しいからといって、パーフォマンスが悪くても昇進させるとい

うような女性優遇をしてしまう。

一方で Fast Retailing の社員の声を見ていると、どうやら長い時間働いたから評価が上がるような会社ではないようだ。

これは会社に夜遅くまで残って仕事をしないと管理職になれないと思っている女性社員には朗報かもしれない。長時間残業をするのではなく、全体最適化をして皆のパフォーマンスを上げられるような人材であればジェンダー、人種関係なく評価がもらえるという環境はグローバルスタンダードだ。

個人的には Fast Retailing が海外展開をしていった結果こういった評価体系になっていったのか、またはグローバル企業を目指したから最初からこういった評価体系にしたのかが非常に興味深い。機会があれば CEO にも、ぜひこの点は質問してみたい。

余談だが「長時間働く」ということの定義は 20 年前と比べて変わってきていると思う。20 年前の考え方は、長時間働くということは、「オフィスに終電までいること」だったと思う。おそらくいまだにこういった考え方を持っている読者も少なくないのではないだろうか？

読者の中には上司より早く帰ることはマイナス評価につながる、または後ろめたいと感じてしまう人もいるのではないかと思う。Non-Excellent Group での女性社員からの声に「長時間働かないと（＝何もしなくても長時間オフィスの席に座っていないと）マネージャーとして評価されない」というものがあった。

ただリーダーシップのポジションにいると、オフィスにいようがいまいが、休日だろうと平日だろうと、四六時中、仕事のことを考えるようになる。

逆に何かスイッチをオフにするようなことがないと仕事から離れられなくなってしまう。メールはどの時間でも見ることができるし、リモート会議が発達したのでいつでもどこでも会議ができる。何か問題があればその問題の根本原因を考えたり、そして問題対策についていくつものシミュレーションをすることにも脳みそを常にフル回転させている。

　そのため仮に会社で仕事をしているのが9時から15時の6時間だとしても、管理職というのはある意味24時間働いているものなので、マネージャーをオフィスにいる時間だけで評価するのは私はあまり賛成しない。

　私のチームのシンガポール国籍の女性管理職の場合、子供の送り迎えをしながら、顧客訪問や電話会議をして、夕方から夜に一旦オフラインになるが、また夜にオンラインになりメールの返信をしたり、また電話会議をしたりというような時間の使い方をしている。

　こういったフレキシブルな仕事のやり方をサポートできること、そしてオフィスにいるいないというだけで評価をするという雰囲気がないことも日本におけるダイバーシティ＆インクルージョンの向上には必要ではないだろうか？

　多くの日本企業の社員は新卒からオフィスに長時間いる環境で育つため、オフィスに長時間いない社員は和を乱す人で、和を乱す人は管理職に向いていないと考えてしまう傾向があるのではないかと思う。

　こういった日本の管理職の在り方へのプレッシャーも女性の活躍を妨げている要因の1つだろう。

　さて、Fast Retailing のケースを追っていくと、執行役員以上の男女比率は改善中だが私が挙げた以下の5つのキーポイントのうち4つは満たしていることが確認ができた。

・国際色の豊かさ
・ハラスメントを含むダイバーシティ全体に対しての教育レベル
・フェアな評価、昇進システム
・リーダーシップポジションにおける男女比や人種のバランス
・PR や社員の声の全体量

　日本に本社を置く Fast Retailing だが日本企業がダイバーシティ＆インクルージョンを改善する上では参考にできるケースだと思う

ので、今あなたが典型的な日本企業にいてダイバーシティ&インクルージョンを改善する立場にあるのであれば Fast Retailing を参考にしてみてはいかがだろうか。

4.5　ケーススタディ：Uber

　最後のケーススタディは Uber である。Uber はダイバーシティ&インクルージョンに関して過去に大きなスキャンダルに見舞われたが、そのスキャンダルが致命的なほど大きかった分、新 CEO のリーダーシップのもと Google にも負けず劣らずダイバーシティ&インクルージョンを強化している会社と言って良いだろう。

　まずは、どのようなスキャンダルがあったのかを振り返ってみたい。その事件のきっかけは Uber に勤めていた女性エンジニアの Susan Fowler の告発から始まった。

　彼女は酷いセクハラを上司から受けており、ときに性的に不快に思える E-mail を上司から受け取っていた。そこで彼女はそのセクハラについて人事に相談したのだが、なんと人事はその上司を処分するのではなくむしろ擁護したという内容だ。

　人事の言い分としては彼女の上司は仕事ができ、会社に大きく貢献しているので、本件で会社を辞めてほしくないということだった。人事は 2 つの選択肢を彼女に提供した。1 つはセクハラには目をつぶって現在のチームに留まるか、または他のチームに移るかというものだった。そして彼女が今のチームに留まることを選択すると、人事からは低い業績評価を受け入れるよう強要されるという不思議なことが起きた。

　この点について女性は上司と人事が結託していると感じ、ブログで内部告発をしたというのが事件の詳細だ。Susan が告発をしたあとに、同様の被害を受けていた女性が次から次へと声を上げ、Uber は社会的な地位の低下とスキャンダルに対する対応に追われ始めた。

　その他の Uber のスキャンダルとしては、韓国のカラオケ事件だ

ろう。

　Uber の創業者である Travis Kalanick 氏が女性を含む 5 人の Uber 幹部とともにカラオケに行き、そこで 1 人の幹部がカラオケのホステスを堂々と番号で呼び持ち帰ったというものだ。

　Travis 氏にとっては当たり前の風景だったのかもしれないが、そこに居合わせた女性幹部は、このお持ち帰りが当たり前のことだと言われたことに対して唖然として、後日このカラオケ事件も明るみに出ることになった。

　では Travis 氏の時代から Dara 氏の時代に移り変わり、何が変わったのかを以下のように分析してみたので紹介していきたい。

　まずは他のケーススタディ同様に執行役員における女性比率、人種構成を調べてみた。以下の通りである。

Table 7.6　Uberの上級幹部における男女、および人種比率
（2022年3月時点）

Title	Gender	Race
CEO	Male	Middle East
CFO	Male	Asian
Marketing SVP	Female	White
CPO	Female	White
CLO	Male	Black
VP, Safety & Core	Male	White
International business VP	Male	White
Technology, VP	Male	Asian
Chief Diversity and Inclusion	Female	Asian
VP, Global business development	Male	White

Table 7.7　Dara時代以前の上級幹部における男女、および人種比率

Role	Gender	Race
CEO	Male	White

COO	NA	NA
CTO	Male	Asian
Chief of Security	Male	White
CFO	NA	NA
CMO	NA	NA
SVP of engineering	NA	NA
SVP of Global Operations	Male	White
SVP of Business	Male	White
Chief Brand Officer	Female	Black
SVP of Communications and Public Policy	Female	White
Chief Product Officer	Male	White
Chief Legal Officer	Female	Asian
SVP of Leadership and Strategy	Female	White
Head of UberEVERYTHING	Male	White
Head of Product	Male	White
General Counsel	NA	NA
Head of Autonomous Vehicles	Male	White

Table 7.8 Travis時代、Dara時代におけるリーダーシップの男女、
および人種比率の比較

CEO Period	% men in leadership	% White in leadership
Travis Era	31%	77%
Dara Era	30%	50%

　女性比率というのはCEO交代の前後であまり変化はないが、人
種比率はDara時代に大きく改善が見られている。
　Travis時代には白人がリーダーシップチームを占めていたこと
がわかる。Daraが意識的に取締役の人種構成比率を調整したのか
個人の意図があったのかはわからないものの、こういったトップマ
ネジメントのダイバーシティは現場社員間での差別被害意識を軽減

させるための役に立つだろう。

例えばリーダーシップチームが白人だけで構成されていると、他の人種の社員は、「結局自分が頑張ったところで、この会社ではトップポジションにはいけない」とガラスの天井を意識してしまうのだ。

このガラスの天井は、前章でも述べた通り①自分がマイノリティーグループ（少数グループ）に属しており、②蚊帳の外に置かれていると感じ、③不平等を感じる、この３つの条件が重なるときに現れる。①は多様性（＝ダイバーシティ）、②は包容性（＝インクルージョン）、③は平等性（＝エクイティ）という単語に置き換えられる。

マイノリティーグループというのはジェンダーだけではなく、ものの見方によってはあらゆるものに存在するものだ。大多数グループと思われる白人社会の中でもマイノリティーは存在するし、このマイノリティーグループ自体をなくすことは不可能である。

ジェンダーの問題に一度話を戻すと、仮にあなたの会社の女性社員比率が低かったとしても、上記の②と③にしっかりとした意識を払うことでガラスの天井をあまり感じさせないようにすることは実現可能だ。

逆に①を改善したとしても、②、③に対する社員の意識が低ければ、ガラスの天井はより大きなものとして存在し続けるだろう。

例えば皆さんは女性社員に対して「お前にはこの仕事はできない」というようなあからさまな態度で接している男性管理職を見たことはないだろうか？　もしくは、男性管理職が、「やっぱり男だけの飲み会は下ネタが話せてキャバクラにもみんなで行けて楽しいなー」などと発言したりしていないだろうか？

皆さんの中にはもしかしたら、このくらいの発言なら問題ないと思う方もいるかもしれないが、この発言と前章で問題点として挙がっていた「お茶汲み、コピー取りを女性社員にだけやらせる」のは何が違うのだろうか？　こういった無意識的に日々発言していることが積み重なると、マイノリティーグループはガラスの天井を感

じるようになるのだ。

　女性だけに管理職の昇進基準を低く設定する、または簡単な仕事しか渡さないようにする前に、まずは全ての管理職に、ダイバーシティ＆インクルージョン＆エクイティの教育を徹底することが大切である。

　そもそも女性社員の母数を増やさないことには始まらないという言い分もよくわかるのだが、多くの企業は問題点が企業文化やマジョリティーグループへの教育にあることに気がついていないままダイバーシティ＆インクルージョンの改善をしようとしてしまっているのだ。

　この根本問題に手を加えないから Non-Excellent Group の企業ではダイバーシティ＝女性優遇となってしまうのだろう。

　では続いてダイバーシティ＆インクルージョンに大切な、データの公開性について Uber の施策を見てみたい。

　以下、Uber が彼らのダイバーシティ＆インクルージョンについて公開しているデータポイントである。

　Uber では2022年3月時点で、26項目ものダイバーシティ＆インクルージョンに関連する項目を公開しており、この数は Google と比べても遜色がないレベルである。数々のハラスメント問題に見舞われた Uber だがこういったデータ公開の姿勢からは新 CEO のダイバーシティ＆インクルージョン改善に関する決意を感じる。

Table 7.9　Uberにおけるワークフォースダイバーシティ（2022年3月）

By gender（Global）	By Gender（Regional）	By race
Overall	US & Canada	Overall
Tech	Latin America	Tech
Non-Tech	Europe, Middle East, Africa	Non-Tech
Operations	Asia-Pacific	Operations
General & Administrative		General & Administrative
Support		Support

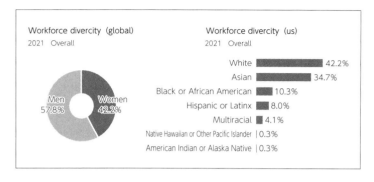

Uber は社員の証言の公開数についても抜きん出ている。2022 年 3 月時点では彼らのダイバーシティ＆インクルージョンのページからは 19 もの社員の証言が公開されており、この社員の証言にはジェンダーだけでなく人種、エイジイズム（年齢主義）、軍退役社員、障害者、あるいは LGBTQ+ だったりと様々なマイノリティーグループの社員が紹介されている。このような多様なマイノリティーグループにそれぞれフォーカスを置いている企業は今回調べた限りだと Uber だけだった。

Table 7.10　Uberのダイバーシティ＆インクルージョンページ
（2022年3月）

Item	Purpose	Employee testimonial
Able at Uber	Disability	Accounts Receivables Manager Content Coordinator Senior Director, GM
Asian at Uber	Asian community	Engineering Manager, Innovation
Black at Uber	Black community	Counsel, Litigation Head of US & Canada Marketplace, Global Mobility
Equal at Uber	Inclusion socioeconomic	Product Operations Manager
Immigrants at Uber	Inclusion: Immigrants community	Senior Software Engineer

Interfaith at Uber	Support religious or spiritual beliefs	Head of Contract Pricing, Uber Freight
Los Ubers	Community for Hispanic and Latinx employees and allies	——
Parents at Uber	Community for parents and caregivers	Chief Financial Officer Senior Vice President Program Leader Senior Operations Manage
Pride at Uber	LGBTQ+ inclusion	Regional Greenlight Manager Americas Grocery Lead
Sages at Uber	Age diversity	Director, Compliance and Ethics Senior Counsel, Litigation and Global Competition Software Engineer II
Veterans at Uber	Inclusion millitary experienced talent	Global Head of Grocery & New Verticals Co-Chair Leadership Council
Women at Uber	Community for women	——

　この Uber のダイバーシティ＆インクルージョンの取り組みの中で、今までに出てきていなかった項目がいくつかあることに皆さんは気がついただろうか。

　Age Diversity またはエイジイズム（年齢主義または年齢差別）がそうだ。もしかしたら、皆さんがあまり聞きなれない単語かもしれないが、エイジイズムはダイバーシティ＆インクルージョンにおいて日本の企業もジェンダーと同等に考えるべき課題と言えるだろう。

　エイジイズムというのは、年齢に関する差別意識だ。アメリカでは履歴書に年齢を書くことが禁止されているが、これは年齢によって何か不都合が生じないようにという配慮である。

　Uber のページで語られているエイジイズムとは、IT 業界においてシニア世代のプログラマーが若い世代のグループに入ることができず差別を感じるというものだが、日本社会においては逆のエイジ

イズムが多々あると思う。

　日本の企業ではシニアの社員は同じ役職であったとしても、若い社員と話をしたがらない傾向が強い。若い社員が年配の社員に話をしようものなら、その行為自体が失礼と思われることもある。

　または、ある一定の年齢を越えると管理職の役職がついていないと強く恥ずかしいと思う傾向がエイジイズムである。

　日本企業に限らずこの光景はあるのだが、皆さんの中でも結構、こういったシチュエーションを目にしたことはあるのではないだろうか？

　こういった意識を芽生えさせるのはダイバーシティ＆インクルージョンで現場の男女比だけに気を配り、他のマイノリティーグループの問題意識を汲み取れていないからだろう。

　前章ではベンチャー企業の若い経営者が、女性や外国籍企業の社員を採用して風通しの良い組織を作ってきたことにスポットライトを当てたが、その陰で実はエイジイズムには全く気を配っていないということもある。

　ベンチャー企業で年齢が上になってきたエンジニアが気持ち良く働けなくなるのもエイジイズムの１つだ。読者の中にベンチャー企業で働く方がいたら、一度、自社のエイジダイバーシティもよく見てみてほしい。

　皆さんの会社では、どの年齢の人も受け入れられて気持ち良く働けているだろうか？

　Uber のケーススタディからはダイバーシティ＆インクルージョンとは何たるものかを学ぶことができる。ぜひ一度、皆さんの会社のダイバーシティ＆インクルージョンのページで触れられている点と、Uber がスポットライトを当てている点を見比べてみてほしい。

Chapter 5

結　論

5.1　結論

　本リサーチを通じて、過度に女性を優遇するような処置はダイバーシティ＆インクルージョンの推進においてネガティブに働き得ることを述べることができた。

　ダイバーシティ＆インクルージョンに関するポジティブな認知を生んでいくには、現場の男女比の改善だけではなく以下の5つの観点から自社のダイバーシティ＆インクルージョンの課題点を分析して改善計画を作り実施していくことを推奨する。

- ・国際色の豊かさ
- ・ハラスメントを含むダイバーシティ全体に対しての社員（トップマネジメント含む）の教育レベル
- ・フェアな評価、昇進システム
- ・リーダーシップポジションにおける男女比や国籍のバランス
- ・PR や社員の声の全体量

　そして社員がダイバーシティ＆インクルージョンに関して潜在的にどのような思いを抱いているのかを把握していくためには、MCQ（複数選択式の質問）ではなく、時間はかかるかもしれないが今回のリサーチのように Perception-based リサーチを活用することがおすすめである。

ダイバーシティ＆インクルージョンは経営者を含むトップマネジメントが考える問題だろう。なぜならダイバーシティ＆インクルージョンを改善していくためには組織や企業文化、マネージャーを含めた社員教育、など幅広い部門への働きかけが必要になるからだ。バイアスを1つひとつ外していく作業は思っている以上に労力がかかり、人事だけに丸投げしても上手くはいかないだろう。最後にExcellent Group と Non-Excellent Group の企業のパフォーマンスについて比較をしてみた。

　極力比較条件を同じにするために、本社が日本にあり同じ大手総合電機メーカーであるソニー、パナソニックの2社を比べてみた。

Table 8.1　ソニーとパナソニックの業績比較

2012-2021年10年間の推移	Sony	Panasonic
時価総額 2021年3月31日時点	14兆3688億円	3兆3226億
EPS（一株当たりの利益）2021年時点	8.81 USD	0.97 USD
EPS 10年平均	1.70 USD	(0.21) USD
EPS 直近5年平均（'17-21）	4.67 USD	(0.83) USD
10年間の売上成長率（2012年から2021年）	21%	-37%
10年間のGross Profit成長率（2012年から2021年）	155%	-26%
Gross profit 平均年間成長率（10年間）	13%	-3%
Gross profit 平均年間成長率（5年間）	9%	0%

　ダイバーシティ＆インクルージョンができているから必ずしも成績が良いというわけではない。業績に影響する要因は他にも多々ある。しかしながらダイバーシティ＆インクルージョンができている組織というのは、現状を変えることに挑戦し続ける企業文化があるためイノベーションを起こしやすいのだと思う。

　そしてイノベーションを起こし続けることができるから、多様な人材を惹きつけることができるという好循環を生むのだ。ダイバーシティ＆インクルージョンは全ての部門の土台になり得るもので、企業文化のコアなのだ。

おわりに

　筆者が参加した Strategic Talent Management の講義で ABC モデルというものを学んだ。A=Affective（何を感じるか）、B=Behavioral（どう行動するか）、C=Cognitive（どう認識するか）の頭文字で、採用面接や人材育成で活用されているフレームワークだ。

　その人が何を信じているのか（Cognitive）が、その人の感じ方（Affective）に影響し、その感じ方が行動（Behavior）に影響し、その人の態度や考え方を形作るというものだ。

　女性比率を上げることだけを目標にしている経営者に問いたいのだが、あなたは女性比率向上が経営にプラスに働くと本当に信じているのだろうか？

　バリバリ働いて頂点まで登り詰めてきた男性経営者の人たちほど、ダイバーシティ＆インクルージョンや働き方改革、はたまたワークライフバランスというものを信じていないことも多い。そういった人たちが信じているのは、みんな自分と同じように猛烈に働く人間、あるいは自分と同等の実績も出せていない社員が俺に意見するなんて100年早い（Cognitive）、というところだろう。

　そしてこのように信じているからこそ、ダイバーシティ＆インクルージョンに対するアクションが表面的になり（Behavior）、そして人事が持ってくる男女比率の改善案をとりあえず採用する。また、いつぞやのニュースで話題になっていたが、女性が会議室に入り何か率直に意見を言うと煙たがったりする（Affective）。

　ダイバーシティ＆インクルージョンの根本には現状への挑戦という意義もある。Excellent Group に入っている企業は現状を積極的に変えていく姿勢を持っていると感じた。こういった企業の経営者は常に新しいことを学び、自ら変わっていくことの大切さを信じている（Cognitive）のではないだろうか。

　ダイバーシティ＆インクルージョンというテーマを議論するとき

は、ぜひ表面的なところから始めるのではなく、今回紹介した
Perception based リサーチを活用して現状把握をした後、いろいろ
な人材、考え方を受け入れていくことがなぜ、自分たちに必要に
なってくるのか？　という点を、納得できるまで自問するところか
らスタートしてみてほしい。自分たちが信じているもの（Cognitive）
に変化がなければ本質的な行動を変えることはできない。

　それができる日本企業が増えれば、世界での日本企業の存在感も
回復すると思っている。

　今回紹介したリサーチ結果が少しでも皆さんの職場のダイバーシ
ティ＆インクルージョン向上にお役に立てば光栄だ。将来、日本企
業がアジアのダイバーシティ＆インクルージョンをリードするよう
な時代になってほしいと心から願っている。

REFERENCES

Chapter 1

- NTT コミュニケーションズ ダイバーシティ https://www.ntt.com/about-us/we-are-innovative/diversity.html

Chapter 3

- Facebook の Diversity page https://diversity.fb.com/
- NTT Group の Diversity page https://group.ntt/jp/diversity/data.html
- Facebook leadership and governance https://investor.fb.com/leadership-and-governance/default.aspx
- NTT communications board members https://www.ntt.com/en/about-us/company-profile/board.html
- Sony leadership and executives https://www.sony.com/en/SonyInfo/CorporateInfo/executive/
- Accenture の Diversity page https://www.accenture.com/jp-ja/about/inclusion-diversity-index
- Google の Diversity page https://about.google/belonging/diversity-annual-report/2022/
- ルービン氏は「氷山の一角」──グーグルのセクハラ問題を報じた NYT の真意を考える https://japan.cnet.com/article/35127744/
- Openwork マッキンゼーでの女性の働きやすさ https://www.vorkers.com/company_answer.php?m_id=a0910000000GAHs&q_no=5
- Glassdoor での Huawei へのコメント https://www.glassdoor.com/FAQ/Huawei-Technologies-Question-FAQ200086-E9304.htm
- Glassdoor での Alibaba Group へのコメント https://www.glassdoor.com/FAQ/Alibaba-Group-Question-FAQ200086-E225974.htm
- Huawei の Diverstiy page https://www.huawei.com/en/sustainability/the-latest/stories/diverse-and-inclusive-workforce
- Huawei Women in technology https://www.huawei.com/en/sustainability/women
- Alibaba Diversity page https://www.alibabagroup.com/en/global/home

- Alibaba Sustainability page https://sustainability.alibabagroup.com/en

- Flex Diversity page https://flex.com/resources/inclusion-and-diversity-help-us-go-far-together

- Tencent ESG https://www.tencent.com/en-us/esg.html

- Microsoft Diversity page https://news.microsoft.com/life/taos-pueblo/

- Singapore　雇用分野への女性参画の実態 https://www.gender.go.jp/research/kenkyu/sekkyoku/pdf/h20shogaikoku/sec4-1-4.pdf

- 国会議員の産休へのコメント　https://www.youtube.com/watch?v=nR9wSpbtQLk

- みずほフィナンシャルグループ　Executives https://www.mizuho-fg.co.jp/company/info/executives/index.html

- Citi Group board of directors https://www.citigroup.com/citi/about/citibank_na_boardofdirectors.html

- Alibaba revenue distribution https://www.statista.com/statistics/298817/alibaba-revenue-distribution-segment/

Chapter 4

- Mckinsey Diversity report https://www.mckinsey.com/business-functions/people-and-organizational-performance/our-insights/delivering-through-diversity

- 三菱電機 品質改ざん　https://the-owner.jp/archives/6091

- NTT ドコモ セクハラ問題　https://bunshun.jp/articles/-/42343

- パナソニック産機システムズ採用問題　https://taishoku-navi.com/td00186

- 日立製作所 労災問題　https://rousai-u.jp/2019/03/hitachikaiken-0328/

- GAP Diversity page https://www.gapinc.com/en/values/equality-belonging/people-data

- GAP Diversity report https://gapinc-prod.azureedge.net/gapmedia/gapcorporatesite/media/images/values/equality-belonging/gapinc_2022_eb_report.pdf

- Susan Fowler の告発　https://www.susanjfowler.com/blog/2017/2/19/reflecting-on-one-very-strange-year-at-uber

- Uber Karaoke 事件　https://nypost.com/2017/03/27/uber-ceo-kalanick-took-workers-to-an-escort-karaoke-bar/

- Uber Diversity page https://www.uber.com/jp/ja/about/diversity/
- Sony EPS https://www.macrotrends.net/stocks/charts/SONY/sony/eps-earnings-per-share-diluted
- Sony Revenue https://www.macrotrends.net/stocks/charts/SONY/sony/revenue
- Panasonic EPS https://www.macrotrends.net/stocks/charts/PCRFY/panasonic/eps-earnings-per-share-diluted
- Panasonic revenue https://www.macrotrends.net/stocks/charts/PCRFY/panasonic/revenue

Other

[1] Cagliesi, & Ghanei, M. (2022). Team-based learning in economics:

[2] Promoting group collaboration, diversity and inclusion. The Journal of Economic Education,

[3] 53 (1), 11–30. https://doi.org/10.1080/00220485.2021.2004276

[4] Emerson, Lefsrud, L. M., Robinson, J., & Hollett, S. (2021).WinSETT — creating a centre for

[5] equity, diversity, and inclusion. Canadian Journal of Chemistry, 99 (8), 637–645. https://doi.org/10.1139/cjc-2020-0327

[6] Erhunmwunsee, Backhus, L. M., Godoy, L., Edwards, M. A., & Cooke, D. T. (2019). Report from the Workforce on Diversity and Inclusion — The Society of Thoracic Surgeons Members' Bias Experiences. The Annals of Thoracic Surgery, 108 (5), 1287–1291. https://doi.org/10.1016/j.athoracsur.2019.08.015

[7] Lewis, & Shah, P. P. (2021). Black students' narratives of diversity and inclusion initiatives and the campus racial climate: An interest-convergence analysis. Journal of Diversity in Higher Education, 14 (2), 189–202. https://doi.org/10.1037/dhe0000147

[8] Poppas, Albert, M. A., Douglas, P. S., & Capers, Q. (2020). Diversity and Inclusion: Central to ACC's Mission, Vision, and Values. Journal of the American College of Cardiology, 76 (12), 1494–1497. https://doi.org/10.1016/j.jacc.2020.08.019

[9] Williams, Conyers, A., & Garcia, F. (2018). PRACTICAL APPLICATIONS OF ECOLOGICAL CONSULTATION IN HIGHER EDUCATION. Public Administration Quarterly, 42 (2), 183–212.

ACKNOWLEDGEMENT

　はじめに本論文執筆を行うにあたり、献身的に協力してくれた私の Thesis advisor である清華大学の Professor.Zhang Jin および INSEAD、清華大学の Master Business Administration プログラムの教授たち、および職員、本リサーチの調査に対して寛容なお付き合いを頂いた私の中国および日本の友人、現同僚および前の職場の友人に感謝を申し上げたい。

　私の妻の Li Jingting、本作品を書き上げるにあたって、妻の協力なしにはできなかっただろう。そして愛する息子の Kaito と Eito。心からありがとう。

　いかなるときにも、変わらぬ愛で私を支えてくれた両親。

　全ての人に感謝を申し上げたい。

〈著者紹介〉

鈴木達也（すずき たつや）

日系ベンチャーを経て、外資系IT企業に15年勤務。
営業職からキャリアをスタートし日本オフィスの立ち上げを経て日本人
としては初のインド、オーストラリア、シンガポール、韓国、中国、日本
をカバーするAsia Pacific 地域担当 副社長に就任。
20年以上の会社史の中で唯一 APAC、International、Global Sales
of the year の3冠を受賞した後、営業以外を含む約1万人の社員の
中から毎年数名のみに与えられる創業者賞を2013年に受賞。
Tsinghua（清華大学）-INSEAD の Dual Degree Executive MBA
プログラムを2022年に修了。

女性優遇≠ダイバーシティ

2023 年 3 月 9 日　第 1 刷発行
2023 年 12 月 25 日　第 3 刷発行

著　者　　　鈴木達也
発行人　　　久保田貴幸

発行元　　　株式会社 幻冬舎メディアコンサルティング
　　　　　　〒151-0051　東京都渋谷区千駄ヶ谷4-9-7
　　　　　　電話　03-5411-6440（編集）

発売元　　　株式会社 幻冬舎
　　　　　　〒151-0051　東京都渋谷区千駄ヶ谷4-9-7
　　　　　　電話　03-5411-6222（営業）

印刷・製本　中央精版印刷株式会社
装　丁　　　秋庭祐貴

検印廃止
©TATSUYA SUZUKI, GENTOSHA MEDIA CONSULTING 2023
Printed in Japan
ISBN 978-4-344-94426-8 C0095
幻冬舎メディアコンサルティングＨＰ
https://www.gentosha-mc.com/